Meine Balkon- und Gartenküche

Selbst gemachte Geschenke

Vom Beet auf den Tisch

compact via

compact via ist ein Imprint der Compact Verlag GmbH

Text: Karolin Küntzel (S. 3–48)
Chefredaktion: Evelyn Boos
Redaktion: Lea Hoy
Produktion: Johannes Buchmann
Titelabbildungen: StockFood (u.), iStockPhoto.com/salez (o. li. u. U4), fotolia.com/teressa (o. re. u. U4)
Layout: h3a GmbH, München
Umschlaggestaltung: h3a GmbH, München

ISBN 978-3-8174-9206-0
381749206/1

Besuchen Sie uns im Internet: www.compact-via.de

Vorwort

Lieben Sie frisches Obst und Gemüse sowie den Duft von würzigen Kräutern? Dann räumen Sie ein Fleckchen im Garten oder auf dem Balkon frei, um Ihre Lieblingssorten selbst zu ziehen. Ein bisschen Erde, Wasser und Saatgut, ein paar Töpfe sowie eine kleine Schaufel – mehr ist für den Anfang gar nicht nötig. Viele Pflanzen sind erstaunlich einfach anzubauen, und spätestens bei der ersten Ernte von Erdbeeren, Zucchini und Minze ist Gartenarbeit die reinste Freude. Erst recht wenn Sie diese Freude mit Ihren Lieben teilen können.

Geschenke aus der Küche sind gern gesehene Gaben. Zum einen weil die Produkte von der Aussaat bis zur Verarbeitung mit der größten Sorgfalt behandelt wurden. Zum anderen weil nur qualitativ hochwertige Erzeugnisse im Glas oder in der Dose landen. Meistens sind die Köstlichkeiten allzu schnell verputzt. Vielleicht denken Sie dann bereits über eine Erweiterung Ihrer Anbaufläche oder Ihrer Sorten nach.

Dieses Buch begleitet Sie von der Auswahl der Pflanzen über den Anbau und die Pflege bis hin zur Ernte. Sie erfahren, welchen Standort Birne, Blumenkohl und Basilikum am liebsten mögen und wann die beste Zeit zum Säen und Ernten ist. Was ist zu tun, wenn die Pflanzen von Schädlingen befallen sind? Wie kommen sie gut über den Winter? Welche Methoden der Konservierung gibt es? Wie verpacke ich meine Küchengeschenke am schönsten? Die zahlreichen Obst-, Gemüse- und Kräuterporträts laden zur Suche nach Ihren ganz persönlichen Favoriten ein. Raffinierte und leckere Rezepte verführen zum Ausprobieren und Schlemmen.

Viel Spaß beim Gärtnern und Genießen!

Genuss aus dem Garten und vom Balkon

Anzucht im Garten

Wer ein Stück Garten sein Eigen nennt, besitzt damit nicht nur einen zusätzlichen Lebensraum. Er kann darüber hinaus seinen Speiseplan durch wunderbar frisches Obst, knackiges Gemüse und würzige Kräuter ergänzen oder sogar ganz auf Supermarktware verzichten. Der Vorteil liegt auf der Hand. Obst und Gemüse aus dem eigenen Garten sind so frisch wie nirgends sonst. Darüber hinaus wissen Sie nicht nur genau, was Sie gepflanzt haben, sondern auch, wie und womit es bis zur Ernte behandelt wurde. Sie haben die Chance, auch Apfel- und Tomatensorten zu ernten, die Sie in einem Supermarkt nicht bekommen würden. Wegen eines fehlenden Salatkopfs müssen Sie nicht mehr extra losfahren, Sie pflücken ihn schnell vor der Haustür. Ganz nebenbei macht Gartenarbeit Spaß, lässt die Seele baumeln und erfüllt mit Stolz, wenn aus kleinen Samen gesunde Pflanzen mit gutem Ertrag werden.

Alles Bio
Beim Eigenanbau von Obst, Gemüse und Kräutern können Sie sicher sein, dass Ihr Erzeugnis nicht mit Insektiziden oder chemischen Düngemitteln behandelt wurde.

So planen Sie Ihren Küchengarten

Jeder Garten ist anders. Gärten unterscheiden sich in Größe, Gefälle, Zuschnitt, Lage und Bodenbeschaffenheit. Berücksichtigen Sie diese Punkte bei Ihrer Planung ebenso wie Ihre Ansprüche und Bedürfnisse. Wie viel Fläche wollen Sie für einen Nutzgarten zur Verfügung stellen, welcher Anteil entfällt auf Rasen, Blumenbeete oder Geräteschuppen? Zeichnen Sie einen Plan von Ihrem Garten und markieren Sie die Flächen, auf denen Sie etwas anbauen wollen. Welche Stellen dort sind besonders sonnig, windgeschützt, feucht oder sandig? Die meisten Obst- und Gemüsesorten, aber auch Kräuter bevorzugen Sonne, sollten also auch in einem entsprechenden Bereich angesiedelt werden. Mit kluger Planung gelingt das auch in kleinen oder eher schattigen Gärten. Schon auf wenigen Quadratmetern lässt sich ein guter Ertrag erwirtschaften. Entscheidend dafür ist neben der Auswahl der Pflanzen auch die Erntefolge. Pflanzen Sie sowohl frühe als auch späte Obst- und Gemüsesorten, können Sie das ganze Jahr hindurch ernten. Das hat den zusätzlichen Vorteil, dass Sie nicht alles gleichzeitig verarbeiten müssen. Viele Kräuter vertragen sich auch gut mit

Blühpflanzen wie Rosen. Reservieren Sie ihnen deshalb ein Plätzchen im Blumenbeet.
Machen Sie sich eine Liste von den Pflanzen, die in Ihrem Garten wachsen sollen und die Sie gerne essen. Kalkulieren Sie Ihren Bedarf und entscheiden Sie davon ausgehend, wie viele Pflanzen Sie benötigen. Was nützen Ihnen zwei Reihen Kohl, wenn außer Ihnen keiner davon essen will?

Klein anfangen

Fangen Sie mit einigen wenigen robusten Sorten an. Der Garten ist Ihnen sonst schnell verleidet, wenn Ihnen die Arbeit über den Kopf wächst und sich der Erfolg nicht einstellt.

Bodenbeschaffenheit

Der optimale Boden ist krümelig, leicht zu bearbeiten und nährstoffreich. Nicht immer findet man diesen Idealzustand vor. Bis zu einem gewissen Grad lässt sich die Bodenqualität verbessern.
Das kann z.B. durch zusätzlichen Mutterboden, Humus, bei sehr schweren Böden aber auch durch die Beimischung von Sand geschehen. Auf jeden Fall sollten Sie Ihren Pflanzplan den vorherrschenden Bodenbedingungen anpassen. Gut ist es dafür, den pH-Wert des Bodens zu kennen. Viele Pflanzen kommen mit einem Wert um sieben gut zurecht, einige bevorzugen ein saures, andere ein alkalisches Milieu. Besorgen Sie sich in der Apotheke Lackmuspapierstreifen, mit denen Sie die Erde testen. An der Farbskala können Sie ablesen, welchen pH-Wert Ihr Boden hat.

Mit einer Handprobe können Sie die Bodeneigenschaften bestimmen.

Der beste Standort für Obst, Gemüse und Kräuter

Die meisten Obstgehölze und -sträucher mögen es gerne warm und windgeschützt. Ähnlich sieht es beim Gemüse und den südländischen Kräutern aus. Halbschatten vertragen dagegen Johannisbeeren, Stachelbeeren, Blattsalat, Erbsen und Bohnen sowie einheimische Kräuter.
Besonders wärmebedürftige Exemplare setzen Sie dicht an die Hauswand, damit sie zusätzlich von der im Mauerwerk gespeicherten Wärme profitieren können. Dicht am Haus sind auch in

den Übergangszeiten, wenn es zu Bodenfrost kommen kann, die besten Plätze für empfindliche Pflanzen. Ist ihnen in Ihrem Garten kein ausreichender Windschutz gegeben, setzen Sie Zäune oder pflanzen Hecken an. Nehmen Sie dafür Säulen- oder Spalierobst, sichern Sie sich gleich noch die Extraportion Vitamine.

Beeteinteilung

Wenn Sie wenig Fläche haben, bieten sich v. a. Pflanzen an, die nicht in die Breite wachsen, sondern in die Höhe. Säulenobst, Weintrauben, Tomaten, Bohnen, Gurken oder Erbsen sind gute Beispiele dafür. Südliche Kräuter gedeihen prächtig auf Trockenmauern, Sie können aber auch eine Kräuterspirale anlegen, die nebenbei noch sehr dekorativ ist. Für alles andere benötigen Sie Beete. Entweder ebenerdig oder als Hochbeet. Sie bieten v. a. nährstoffhungrigen Pflanzen gute Bedingungen und ermöglichen bequemes, weil aufrechtes Gärtnern. Doch egal, für welche Variante Sie sich entscheiden: Die Beete sollten nie breiter als zwei Armlängen und rundherum zugänglich sein. So erreichen Sie die Pflanzen von beiden Seiten, ohne dass Sie das Beet betreten müssen.
Damit Beete nicht so langweilig aussehen, kann es sinnvoll sein, sie in Mischkultur anzulegen. Allerdings gibt es Gewächse, die sich nicht gerne das Beet teilen. Kopfsalat und Petersilie gehören ebenso dazu wie Kartoffeln, Erbsen und Tomaten. Informieren Sie sich deshalb im Vorfeld, ob die Beetnachbarn miteinander zurechtkommen.

Expertenrat einholen

Nehmen Sie Ihren fertigen Pflanzplan mit zu einem Besuch in die Gärtnerei. Bestimmt ist einer der Fachleute dort bereit, einen Blick darauf zu werfen und Ihnen zusätzlich nützliche Hinweise zu geben.

Setzen Sie Ihre Pflanzen nicht zu dicht ins Beet. Der richtige Abstand ist auf den Samentütchen oder Töpfen angegeben und sollte eingehalten werden. Nur so können sich Ihre Zöglinge gut entwickeln und nehmen sich später nicht gegenseitig Licht und Nährstoffe weg. Bei guter Pflege wird das Beet schon nach kurzer Zeit nicht mehr kahl aussehen.

Kompost anlegen

Planen Sie in einer Ecke Ihres Gartens einen Kompost. Gut ist ein Standort im lichten Schatten, z. B. unter einem Fliederstrauch. Der Kompost sollte sich ausreichend durch Sonneneinstrahlung erwärmen können, aber auch nicht sofort austrocknen. Es gibt verschiedene Behältnisse: offene aus Holz und Metall oder geschlossene aus Kunststoff. Sie können aber auch einfach an geeigneter Stelle einen Haufen aufschütten. Auf den Kompost dürfen:

- Gartenabfälle von gesunden, nicht wurzelnden oder Samen bildenden Pflanzen,
- kleinteiliges Holz, Rasenschnitt in kleinen Mengen,

- ungekochte Küchenabfälle, Teebeutel, Kaffeesatz, aber keine tierischen Produkte oder Milcherzeugnisse,
- Eierkartons, Pappe und Zeitungen.

Schichten Sie abwechselnd grünes (Obstschalen, Rasen, Pflanzen) und braunes Material (Blätter, Holz, Zeitung) auf den Kompost. Sind die Schichten sehr dick, mischen Sie sie mit einer Grabegabel durch. Wenn der Kompost nach einigen Monaten reif ist, haben Sie einen fantastischen Dünger für Ihre Pflanzen.

Mit Kompost haben Sie einen umweltfreundlichen Dünger zur Hand.

Anzucht auf dem Balkon

Auch wenn Sie nicht über einen eigenen Garten verfügen – auf Obst, Gemüse und Kräuter aus eigener Ernte brauchen Sie deshalb noch lange nicht zu verzichten. Auch auf dem Balkon gedeihen diese Pflanzen bei entsprechender Pflege prächtig und bereichern Ihren Speiseplan. Da der Platz und somit die Anbaumenge i. d. R. begrenzt sind, wählen Sie Sorten, die nicht besonders groß werden, dafür aber viel Ertrag bringen. Spezielle Mini-Gemüse sind hier eine prima Alternative.

Tragkraft

Balkone haben nur eine bestimmte Tragkraft (ca. 250 kg/m²). Die kann schnell überschritten sein, wenn Sie mehrere große, schwere Tongefäße aufstellen. Wählen Sie bei kleinen Balkonen deshalb lieber Kübel und Töpfe aus leichtem Kunststoff.

Pflanzgefäße

Pflanzgefäße gibt es in allen Materialien und Farben. Wofür Sie sich entscheiden, hängt also zunächst von Ihrem Geschmack ab. Töpfe und Schalen aus Ton verströmen ein mediterranes Flair, poppige Kästen aus Kunststoff sind en vogue und machen sofort gute Laune. Mögen Sie es lieber rustikal, bepflanzen Sie alte Milchkannen oder Töpfe. Besonders harmonisch wirken Arrangements aus einem Material oder in einer Hauptfarbe. Wenn sie dann in Stil und Farbe auch noch zum Balkongeländer oder zur Hauswand passen, ist ein schöner Anblick garantiert.

Für alle Pflanzgefäße gilt: Das Gieß- und Regenwasser muss ablaufen können, sonst bildet sich Staunässe. Bei Plastiktöpfen durchstechen Sie dafür an ein paar Stellen den Boden. Verwenden Sie Tongefäße mit Loch (vor dem Befüllen mit einer Tonscherbe abdecken) oder legen Sie in geschlossene Töpfe eine Dränageschicht aus Blähton. Benutzen Sie unbedingt Untersetzer, die überschüssiges Gießwasser auffangen. Das gilt besonders, wenn Sie Kästen auf die Außenseite des Geländers hängen. Sie setzen Ihren Balkon nicht unter Wasser, und der Nachbar unter Ihnen bleibt von nassen Überraschungen verschont. Passen Sie die Gefäße immer der Größe der Pflanze an. Schnell wachsende Gemüse oder wuchernde Kräuter brauchen u. U. mehrmals pro Saison einen größeren Topf. Wollen Sie den Balkon vor dem Winter nicht vollständig räumen, kaufen Sie frostharte Töpfe. Alle anderen räumen Sie in den Keller.

Pflanzsäcke

Eine sehr platzsparende Lösung sind Pflanzsäcke. Die aus Plastikplane genähten Behältnisse bekommen Sie z. T. bereits mit Erde und Samen gefüllt. Öffnen, Samen verteilen, aufhängen, gießen, fertig.

Der richtige Standort

Da Sie an der Ausrichtung des Balkons schwerlich etwas ändern können, müssen Sie die Auswahl der Pflanzen den dortigen Lichtverhältnissen anpassen. Bei Südbalkonen ist das kein Problem, bei nördlich oder westlich orientierten gedeihen ausgewiesene Südfrüchte oder -gemüse wahrscheinlich nicht besonders. Wählen Sie dann Sorten, die auch gut mit Halbschatten zurechtkommen und nicht so windempfindlich sind.

Ist das erlaubt?

Nicht in allen Mietverträgen ist erwähnt, ob Sie auf dem Balkon Rankgitter oder Haken befestigen dürfen. Sprechen Sie deshalb mit Ihrem Vermieter, bevor Sie zusätzliche Wand- oder Geländerbefestigungen anbringen.

Überlegen Sie im Vorfeld auch, wie Sie den Balkon nutzen wollen. Dient er Ihnen vorrangig als Erholungsraum, planen Sie neben den Blumentöpfen und -kästen ausreichend Platz für Tisch und Stuhl ein. Bestimmen Sie anhand der ausgewählten Pflanzen den für sie optimalen Platz. Planen Sie auch in die Höhe. Bohnen oder Wein sind wunderbare Kletterer und wachsen schnell zu einem Sicht- und Windschutz. Stühle, Etageren, Regale, Balkonbrüstungen und Wandhaken bieten weitere Abstellfläche und Hängemöglichkeiten.

So wachsen und gedeihen Früchte, Kräuter & Gemüse

Auswahl der Pflanzen

Die Vielfalt an Pflanzen, die Sie in Ihrem Garten oder auf dem Balkon anbauen können, ist gewaltig. Längst bekommen Sie in Gärtnereien nicht mehr nur heimische Sorten angeboten, sondern auch viele Exoten. Bestellen Sie über den Versandhandel, sind Ihnen keinerlei Grenzen gesetzt. Wie soll man sich da bloß entscheiden? Treffen Sie Ihre Wahl anhand einiger Kriterien.

- Das Obst und Gemüse wird in der Familie gern gegessen. Wozu etwas pflanzen, das hinterher nicht verbraucht wird? Passen Sie auch die Anzahl der Pflanzen dem geschätzten Verbrauch an. Von zwei bis drei normal tragenden Zucchinipflanzen kann eine vierköpfige Familie bereits ihren Bedarf decken.
- Der Pflegeaufwand für die Pflanzen entspricht der Zeit, die Sie für Garten oder Balkon aufbringen können. Haben Sie einen Garten voll mit „Primadonnen", werden Sie zeitlich mehr gefordert, als wenn Sie anspruchslose Exemplare pflanzen.
- Pflanze und Standort passen zusammen. Sie werden mit sehr sonnenhungrigen Sorten an einem schattigen Standort viel Arbeit bei wenig Ertrag haben. Sparen Sie sich die Mühe und setzen Sie gleich auf andere Arten.
- Vielfalt ist Trumpf. Besorgen Sie sich neben Kern- und Steinobst auch Beeren. Pflanzen Sie Wurzel-, Frucht- und Zwiebelgemüse sowie Salate. Mixen Sie mediterrane und heimische Kräuter.
- Kaufen Sie Pflanzen, die zu unterschiedlichen Zeiten geerntet werden. Bei einer guten Planung können Sie die ganze Saison über ernten und werden nicht in einem einzigen Monat mit der gesamten Jahresernte überschwemmt, die dann noch weiterverarbeitet werden will.
- Einige Obstsorten (Süßkirschen, Birnen, Äpfel, Pflaumen) brauchen zur Befruchtung einen zweiten Baum derselben Art. Steht beim Nachbarn keiner, besorgen Sie sich gleich zwei dieser Gehölze.

Haben Sie sich für Ihre Sorten entschieden, geht es ab in die Gärtnerei. Dort erhalten Sie i. d. R. alle Pflanzen, deren Pflanzzeit ist, schon vorgezogen. Wählen Sie nur Gehölze und Pflänzchen aus, die gesund und robust sind. Die Rinde von Stämmen muss unbeschädigt sein, die Äste verzweigt, der Wuchs gerade. Lassen Sie alles stehen, was vertrocknete Wurzelballen, braune Blätter oder sogar Schädlingsbefall aufweist.

Alternativ können Sie Gemüse- und Kräutersamen in Tütchen kaufen. Achten Sie auf das aufgedruckte Datum, das anzeigt, wie lange das Saatgut keimfähig ist. Zu altes Saatgut geht oft nicht mehr auf.

Pflanzen und Säen

Um Obstbäume und Beerensträucher zu pflanzen, ist der Herbst die beste Jahreszeit. Der Boden ist meistens schön locker und ausreichend feucht. Bis zum Frühjahr können sich Baum und Strauch gut verwurzeln und sind zur Blütezeit bestens akklimatisiert. Wässern Sie den Baum vor dem Pflanzen mehrere Stunden. Heben Sie mit dem Spaten ein Pflanzloch aus. Es sollte ca. 50 % größer sein als der Wurzelballen. Lockern Sie die Erde im Loch gut auf und geben Sie bei nährstoffarmen Böden etwas Humus oder Kompost dazu. Setzen Sie den Baum mittig und gerade ein. Die Veredelungsstelle muss über Bodenniveau liegen. Füllen Sie den Aushub wieder auf und stampfen Sie die Erde zwischendurch fest, damit sich keine Hohlräume bilden. Einen Gießrand lassen.
Für eine bessere Standfestigkeit treiben Sie neben dem Obstbaum einen Pfahl in den Boden, an dem Sie ihn mit einem Kokosstrick festbinden. Auch für Obststräucher heben Sie ein ausreichend großes Pflanzloch aus. Eine zusätzliche Stütze benötigen Johannis- oder Stachelbeeren allerdings nicht.

Auf der Fensterbank

Einige kälteempfindliche, aber auch langsam wachsende Pflanzen ziehen Sie auf der Fensterbank vor, bevor sie raus ins Freiland kommen. Ab März säen Sie Tomaten, Paprika, Salat und Aubergine, Koriander, Oregano, Thymian und Estragon vor. Das geht ganz leicht in speziellen Torftöpfchen oder mit Torftabletten im Mini-Gewächshaus. Halten Sie die Erde immer feucht. Sind die Pflänzchen groß genug, können sie direkt mit dem Topf oder dem Torfballen ins Freiland gepflanzt werden. Umtopfen ist nicht erforderlich.

Anzucht im Eierkarton

Wollen Sie sich das Geld für die Torftöpfe sparen, sind Eierkartons eine gute Alternative. Füllen Sie die Mulden mit etwas Erde und setzen Sie die Samen ein. Trennen Sie die Kartonabteile, bevor Sie die Pflanzen in größere Töpfe oder direkt ins Freiland setzen.

Im Freiland

Viele Gärtnereien und Gartencenter haben ein reiches Sortiment an vorgezogenen Jungpflanzen. Sie bekommen dort die meisten Gemüsesorten sowie kleinwüchsige Beerensorten wie Erd- oder Heidelbeeren und natürlich alle Arten von Kräutern. So sparen Sie sich die Zeit und auch den Platz für die eigene Anzucht. Wählen Sie kräftige Setzlinge und prüfen Sie den Topfballen auf ausreichend Feuchtigkeit. Zu trocken gewordene Pflänzchen bleiben häufig mickrig. Nach den Eisheiligen, Mitte Mai, können Sie frostempfindliche Pflanzen ins Freiland übersiedeln bzw. direkt dort aussäen.

Jede Jungpflanze benötigt genügend Platz, um ausreichend Wurzeln bilden zu können.

Im Topf: Füllen Sie den Topf mit Erde. Drücken Sie eine Mulde hinein, in die Sie die Pflanze setzen. Außen herum Erde auffüllen, die Pflanze andrücken und wässern. Einen Gießrand von ein paar Zentimetern lassen. Teilen sich mehrere Pflanzen einen Topf, setzen Sie sie anfangs nicht zu dicht. Sie brauchen Platz, damit sie sich gut entwickeln können.

Im Beet: Große Samen wie Zucchini oder Kürbis drücken Sie sanft in den vorbereiteten Boden. Für kleine Samen wie Möhren ziehen Sie eine schmale Saatrille. Ist der Boden sehr trocken, wässern Sie ihn mit einem feinen Brausestrahl. Setzen oder streuen Sie die Samen gleichmäßig hinein. Halten Sie dabei den auf der Samenpackung angegebenen Aussaatabstand ein. Schließen Sie die Rinne mit Erde und markieren Sie sie. Dies geht leicht, indem man die Pflanzenetiketten der gekauften Jungpflanzen in die Erde steckt oder beschriftete und am besten laminierte Schilder an Schaschlikspießen oder in speziellen Schilderhaltern befestigt und in die Erde steckt. Gerade zu Beginn der Pflanzsaison denkt man, es ist ein Leichtes, sich zu merken, was wo ausgesät wurde. Doch schon nach einigen Wochen fragt man sich, ob das, was dort im Beet wächst, Unkraut oder Nutzpflanze ist.

Saatbänder und -scheiben

Sehr praktisch und einfach zu handhaben sind Saatscheiben und -bänder. Die Samen sind bereits im richtigen Abstand in das Vlies eingearbeitet. Einfach auf die Erde legen, bedecken und angießen. Schon fertig!

Die optimale Pflege

Sind die Samen und Pflanzen in der Erde, fängt die Arbeit im Garten oder auf dem Balkon oft erst richtig an. Damit Sie viel Freude an Ihren grünen Gesellen haben, müssen Sie sie optimal versorgen und pflegen. Genügsamen Pflanzen reicht regelmäßiges Wässern, anspruchsvollere wollen mit Dünger und Rückschnitt umsorgt werden.

Wässern

Die meisten Pflanzen mögen es nicht, wenn ihre Blätter gegossen werden, wässern Sie deshalb immer den Ballen. Besonders im Sommer, wenn die Sonneneinstrahlung sehr hoch ist, wirkt Wasser auf Blattwerk wie ein Brennglas. Gießen Sie frisch gepflanzte oder gesäte Pflanzen regelmäßig, damit sie gut anwachsen können. Sind sie erst einmal fest verwurzelt, kommen z. B. Obstgehölze auch mit weniger Wasser aus. Sie bilden dann tiefer reichende Wurzeln, um sich selbst zu versorgen. Zu bestimmten Zeiten, zur Blüte oder wenn sie Frucht ansetzen, brauchen Ihre Pflanzen mehr Wasser als sonst. Einige von ihnen sind richtige „Säufer". Zucchini, Gurken, Bohnen und Kürbis gehören dazu. Zwiebeln, Möhren, Kräuter und alle Arten von fest verwurzelten Obstbäumen sind da wesentlich genügsamer. Gießen Sie auf jeden Fall, wenn Blätter schlaff hängen oder die Erde in Töpfen trocken ist. Der Ballen darf sich nicht vom Topfrand lösen. Die beste Zeit zu gießen ist morgens. Das Wasser verdunstet nicht so schnell wie in der Mittagshitze, und Sie leisten Schädlingen wie Schnecken keinen Vorschub.
Sammeln Sie Regenwasser, denn besseres bekommen Sie zum Wässern aus keiner Leitung und keinem Brunnen. Obendrein ist es gratis.

Mulchen
Bringen Sie zwischen Ihren Beetreihen, unter Sträuchern und um Baumstämme eine Schicht Mulch aus. Die Erde trocknet nicht so schnell aus, und Unkräuter haben es schwerer.

Düngen

Manchmal reichen die Nährstoffe in der Erde nicht aus, um die Pflanze optimal zu versorgen. Dann müssen Sie düngen. Übertreiben Sie es aber nicht, denn zu viel Dünger schadet mehr, als er nützt. Frisch gesetzte Pflanzen brauchen i. d. R. gar keinen zusätzlichen Dünger, das Gleiche gilt für einjährige Kräuter wie z. B. Dill. Mehrjährige Kräuter düngen Sie bei Bedarf alle sechs Wochen mit einem speziellen Kräuterdünger oder der halben Dosis eines Volldüngers. Mulchen Sie Ihren Gemüsegarten regelmäßig, variieren Sie die Fruchtfolge und arbeiten Sie Kompost unter, dann werden Sie wahrscheinlich keinen zusätzlichen Dünger benötigen. Wachsen die Gemüse nur schwach, hilft u. U. eine Gabe von flüssigem Algendünger. In ausgelaugte Böden können Sie nach dem Säen bzw. Pflanzen etwas organischen Volldünger einarbeiten. Ihre Topf- und Kübelpflanzen düngen Sie entweder gezielt mit Düngestäbchen oder mit einem dafür geeignetem Flüssigdünger.

Schneiden

Am Anfang werden Obstbäume beschnitten, um sie in Form zu bringen. Auf diesen Erziehungsschnitt folgt später ein regelmäßiger Instandhaltungsschnitt. Die Äste werden ausgelichtet und abgestorbene Teile und Wassertriebe entfernt. Kern- und Steinobst schneiden Sie überwiegend im Winter, im Sommer erfolgt höchstens noch ein Auslichtungsschnitt, um die Fruchtreife zu verbessern. Wildobst lichten Sie im Winter aus.

Bei Himbeeren und Brombeeren schneiden Sie direkt nach der Ernte die fruchttragenden Zweige dicht über dem Boden ab, bei Johannis- und Stachelbeeren entfernen Sie die alten (dunklen) Äste. Wein schneiden Sie dagegen erst im Spätwinter. Informieren Sie sich auf jeden Fall, bevor Sie die Astschere allzu großzügig einsetzen, denn manche Pflanzensorten verzeihen einen zu radikalen Rückschnitt nicht und gehen ein.

Ein Auslichtungsschnitt sorgt für eine höhere Licht-, Wasser- und Nährstoffzufuhr.

Schädlinge und Krankheiten

Auch bei bester Pflege und Vorsorge kann es passieren, dass Ihre Pflanzen von Schädlingen und Krankheiten befallen werden. Dann ist schnelles Eingreifen erforderlich, damit der Befall nicht auf gesunde Pflanzen übergreift. Bei aufmerksamer Beobachtung sind viele Schädigungen schon im Frühstadium zu erkennen: Blätter kräuseln, kleben oder verfärben sich, vertrocknen trotz ausreichender Wässerung, Früchte weisen Löcher oder Beläge auf. Isolieren Sie betroffene Pflanzen, wenn möglich. Identifizieren Sie den Schädling bzw. die Krankheit und versuchen Sie Ihr Glück zuerst mit biologischen Mitteln. Nützlinge wie Marienkäfer und Schwebfliege stellen sich nach einiger Zeit ganz von alleine ein und sorgen für Abhilfe. Brühen aus Pflanzenteilen oder Schmierseifenlösungen sind ebenfalls bewährte Mittel zur Bekämpfung. Falls der Befall so nicht mehr in den Griff zu bekommen ist (und erst dann), greifen Sie auf chemische Mittel zurück. Informieren Sie sich unbedingt im Fachhandel über Anwendung und Wirkung.

Die häufigsten Schädlinge und Krankheiten

- Apfelwickler: gehört zu den häufigsten Apfelschädlingen, macht aber auch vor Birnen nicht halt. Die Früchte werden madig und fallen vor der Zeit vom Baum. Fallobst vernichten.
- Blattläuse: Vorkommen vorwiegend bei trockenem, heißem Wetter. Befallene Blätter rollen sich ein (Pfirsich) oder verfärben sich (Johannisbeere). Nützlinge wie Marienkäfer einsetzen.
- Kartoffelkäfer: Fraßspuren an den Blatträndern, bis auf die Rippen kahl gefressene Blätter. Absammeln der Käfer, Eier und Larven.
- Nacktschnecken: angefressene Früchte und Pflanzen. Zur Vorbeugung morgens gießen. Schnecken absammeln, ggf. Schneckenköder auslegen.
- Großer Kohlweißling: legt seine Eier an den Blattunterseiten der Wirtspflanzen ab. Die daraus schlüpfenden Raupen fressen mit Vorliebe Kohl, Blumenkohl und Rübenblätter bis auf das Gerippe ab. Besprühen Sie die Pflanze mit Tomaten- oder Hirtentäschelsud.
- Mäuse: fressen mit Vorliebe Erbsen- und Bohnensamen. Beete mit engmaschigem Draht abdecken, Samen vor Aussaat in Algendünger tränken.
- Schorf: Pilzerkrankung, die Äpfel und Birnen befällt. Blätter und Obst haben dunkle Flecken, die Frucht wird rissig. Große Abstände zu Nachbarbäumen verhindern eine schnelle Ausbreitung. Befallenes Laub entsorgen.
- Apfel- und Beerenmehltau: mehlig-weißer Belag auf Knospen, Blüten und Blättern. Betroffene Blätter verbrennen. Abhilfe schafft ein Sud aus Zwiebelschale und Schachtelhalmtee.
- Grauschimmel: Schimmelpilzüberzug auf Erdbeeren. Pflanzen weit auseinander setzen. Abgestorbene Pflanzenteile vernichten und Stroh- oder Rindenmulch streuen.

Vermehrung

Haben Sie Spaß am Gärtnern und an der Selbstversorgung mit frischem Obst und Gemüse gefunden, keimt in Ihnen vielleicht der Wunsch, die Anbaufläche zu erweitern. Dazu müssen Sie nicht zwangsläufig neue Pflanzen kaufen, denn viele von ihnen lassen sich ganz einfach durch Teilung, Absenken oder Stecklinge vermehren.

Teilung

Bei dieser sehr einfachen Methode wird der Wurzelballen mit einem Spaten in zwei Hälften geteilt. Eine verbleibt an Ort und Stelle, wo sie wieder eingegraben wird, die andere kommt an einen neuen Standort. Die Mutterpflanze wird dadurch zugleich verjüngt und kann wieder kräftig austreiben. Gut geeignet für: Oregano, Melisse, Minze, Liebstöckel.

Absenken

Absenker sind Triebe, die sich auf den Boden legen und dort neue Wurzeln bilden. Sie können sich diese Eigenschaft zunutze machen und ein wenig nachhelfen, indem Sie einzelne Triebe sanft zu Boden biegen. Dort fixieren Sie sie mit einem Hölzchen ein paar Zentimeter in der Erde, leiten das jeweilige Ende jedoch wieder an die Erdoberfläche. Ist der Absenker gut verwurzelt (ungefähr nach einer Saison), kann er verpflanzt werden. Gut geeignet für: Minze, Estragon, Thymian, Johannisbeeren, Brombeeren.

Stecklinge

Verholzende Kräuter sind einfach über Stecklinge zu vermehren. Schneiden Sie im Frühsommer von den frischen Trieben einige Spitzen ab (ca. 7–8 cm lang). Entfernen Sie die unteren Blätter und stecken Sie die Spitzen in Aussaaterde. Gut angießen und danach mit einer Folie abdecken, um eine hohe Luftfeuchtigkeit zu gewährleisten. Stellen Sie die Stecklinge an einen warmen, halbschattigen Ort. Wenn sich neue Blätter bilden, hat sich die Pflanze verwurzelt und kann umgepflanzt werden. Gut geeignet für: Lavendel, Salbei, Rosmarin, Melisse.

Geschützt durch den Winter

Sinkt das Thermometer unter den Gefrierpunkt, müssen alle frostempfindlichen Pflanzen ins Haus. In einem kühlen Raum, z. B. dem Flur, fühlen sich die meisten am wohlsten. Kübel und Töpfe mit winterharter Bepflanzung rücken Sie dicht an die Hauswand. Schützen Sie sie zusätzlich durch eine Vliesfolie, Kokosmatten oder Jutesäcke. Binden Sie alle Ummantelungen gut fest, damit der Wind sie nicht losreißt. Viele Topfpflanzen erfrieren übrigens nicht, sondern verdursten. Vergessen Sie deshalb bitte nicht, an frostfreien Tagen ab und an ein wenig zu gießen. Mediterrane Kräuter, die in Beeten wachsen, können Sie mit ein wenig Tannenreisig, Stroh oder Laub abdecken, um sie vor der Kälte zu schützen.

Rund um die Ernte

Konservieren

Am besten schmecken Obst, Gemüse und Kräuter, wenn sie direkt vom Baum oder aus dem Beet auf den Tisch kommen. Ist die Ernte gut und die Menge reichlich, werden Sie allerdings nicht darum herumkommen, einen Großteil auf die eine oder andere Art und Weise zu verarbeiten, damit sie länger haltbar ist.

Frische Lebensmittel sind ohne besondere Behandlung nur eine begrenzte Zeit haltbar. Sie verlieren ihre frische Farbe, werden fade im Geschmack oder durch faule Stellen und Schimmel ungenießbar. Deshalb sollten Sie den Teil der Ernte, den Sie nicht sofort verzehren, konservieren. So können Sie das ganze Jahr über von den Früchten Ihrer Garten- und Balkonarbeit kosten und lieben Menschen eine Freude mit Selbstgemachtem bereiten. Geschenke aus der Küche sind gern gesehen, zeugen sie doch von einer großen Wertschätzung gegenüber dem Produkt und der Zuneigung zum Beschenkten. Wieso würde man sich sonst solche Mühe machen? Auch in anderer Hinsicht sind die Köstlichkeiten unschlagbar. Meist sind Birne, Basilikum und Bohne handverlesen und die Qualität jedes einzelnen Stücks ist geprüft und für gut befunden. Alle weiteren Zutaten sind bekannt, und die Ware wird unmittelbar nach der Ernte verarbeitet. Schneller geht es nicht.
Konservieren ist eine alte Kunst, und die Methoden sind bis heute im Wesentlichen unverändert.

Einfrieren

Einfrieren ist die schnellste und auch einfachste Art, Lebensmittel für einen längeren Zeitraum haltbar zu machen. Bei –18 °C verharren die Mikroorganismen, die den Zersetzungsprozess fördern, in einer Art Kältestarre. Sie können dem Gefriergut nichts anhaben, weshalb es über lange Zeit ähnlich frisch bleibt wie zum Zeitpunkt des Einfrierens. Mit dem Auftauen erwachen die Mi-

Blanchieren
Geben Sie das Gefriergut in ein Sieb, das Sie für ein paar Minuten in kochendes Wasser tauchen. Dann legen Sie es zum Abschrecken für die gleiche Zeit in eine Schüssel mit Eiswasser. Gut abtropfen lassen und restliches Wasser vor dem Einfrieren mit Küchenkrepp abnehmen.

kroorganismen allerdings wieder zum Leben, deshalb sollten Sie diese Lebensmittel zügig weiterverarbeiten. Die meisten Gemüse- und Obstsorten eignen sich gut zum Frosten, sollten vorher aber entweder kurz blanchiert oder mit Zucker bestreut werden. So bleiben Qualität und Geschmack erhalten. Blanchieren Sie Bohnen, Brokkoli, Möhren und Fenchel. Zucchini, Auberginen, Paprika und Tomaten werden vor dem Einfrieren gegart, frisch geerntete Kräuter gewaschen und geschnitten. Geben Sie sie mit ein wenig Wasser in Eiswürfelbehälter. Sind sie gefroren, werden sie in Gefrierbeutel umgefüllt. Zitrusfrüchte oder Quitten können Sie ganz in die Kühlung geben. Beeren überstreuen Sie vorher mit etwas Zucker und frieren sie offen auf einem Blech ein. Erst im gefrorenen Zustand werden sie in Beutel für die weitere Lagerung verpackt. Apfelscheiben behalten ihre schöne Farbe, wenn sie mit etwas Zitronensaft beträufelt werden. Sehr empfindliche Früchte wie Erdbeeren oder Aprikosen pürieren oder garen Sie vorher.

Entsaften

Selbst gemachter Apfelsaft ist lecker, Birnensaft nicht minder. Auch Beeren, Kern- und Steinobst sowie verschiedene Gemüsesorten lassen sich entsaften. Dazu gibt es unterschiedliche Verfahren. Beim Rohentsaften werden die Früchte entweder in eine Presse oder Zentrifuge gegeben, Beeren können abgefiltert werden. So verarbeitet hält sich der Saft (in Flaschen abgefüllt und gut verschlossen) einige Tage im Kühlschrank. Für eine längere Haltbarkeit müssen Sie ihn pasteurisieren. Beim Erhitzen wird das Obst zusammen mit Wasser aufgekocht und später filtriert. Die Dampfentsaftung arbeitet mit heißem Wasserdampf. Dadurch platzen die Zellen, und der Saft tritt aus. Durch Zugabe von Zucker erhöht sich die Haltbarkeitsdauer des Saftes.

Mostereien

Große Mengen Obst können Sie in Mostereien zu Saft verarbeiten lassen. Ihren Ertrag nehmen Sie in Flaschen abgefüllt gleich wieder mit.

Einkochen

Erhitzt man Lebensmittel auf 100 °C, werden die Mikroorganismen und Bakterien auf ihnen abgetötet. Geschieht dies unter Luftabschluss in Gläsern, wird das Einkochgut sterilisiert und ist lange – oft mehrere Jahre – haltbar.
Das Prinzip ist einfach. Obst oder Gemüse wird zusammen mit Gewürzen und Flüssigkeit stark erhitzt und noch heiß in Gläser gegeben. Diese werden luftdicht mit einem Gummiring plus Deckel oder mit dem moderneren Twist-off-Deckel verschlossen. Beim Abkühlen der Gläser entsteht

ein Unterdruck. Der Deckel zieht sich dicht an den Gummi bzw. den Glasrand und verhindert Lufteintritt. Solange das Glas auf diese Weise verschlossen ist, haben Keime keine Chance.

Das Einkochen von leckeren Marmeladen, herzhaften Chutneys und pikanten Soßen ist nicht sonderlich schwierig. Allerdings müssen Sie ein paar wichtige Grundregeln beherzigen, damit Ihre Leckereien nicht doch vor der Zeit verderben.

- Alle Gerätschaften, die Sie zum Einkochen verwenden, müssen absolut sauber sein. Das gilt insbesondere für die Gläser, Gummiringe und Deckel. Reinigen Sie diese möglichst heiß zuerst mit Spülmittel und dann mit klarem Wasser. Stellen Sie die Gläser und Deckel bis zum Befüllen umgedreht auf ein sauberes Geschirrtuch. Gummis bleiben im heißen, klaren Wasser, bis sie gebraucht werden.
- Einkochgummis werden mit der Zeit porös und schließen dann nicht mehr zuverlässig. Austauschen!
- Deckel und Glas müssen zueinanderpassen, die Ränder dürfen nicht beschädigt sein.
- Kochen Sie nur Obst und Gemüse ein, das makellos und frisch ist.

Marmelade, Konfitüre und Gelee

Um Marmelade und Konfitüre herzustellen, werden die Früchte zusammen mit Zucker gekocht, bis sie gelieren. Gelees bereiten Sie aus Obstsaft zu. Wie lange Sie Obst oder Saft kochen müssen, hängt vom Pektinanteil des Obstes ab. Sorten mit einem hohen Pektinanteil wie Johannisbeeren und Quitten gelieren schnell. Bei Erdbeeren und Süßkirschen, die einen geringen Pektingehalt haben, braucht es etwas mehr Geduld, und Sie müssen Pektin zusetzen, damit die Fruchtmasse fest wird. Auch die in den Früchten enthaltene Säure spielt eine entscheidende Rolle. Sie setzt das Pektin aus den Früchten frei. Ist die Fruchtsäure der Sorte gering, geben Sie Zitronen- oder Weinsäure hinzu. Zitronensaft erzielt die gleiche Wirkung.
Keine Marmelade, kein Gelee ohne die Zugabe von Zucker. Er kommt nicht nur aufgrund der fehlenden Süße mancher Frucht mit in das Glas, sondern entscheidet auch über die Haltbarkeitsdauer des fertigen Produkts. Ein hoher Zuckeranteil sorgt für längere Haltbarkeit, ein niedriger reduziert sie. Dafür schmeckt die Marmelade dann umso fruchtiger.
Eine Auswahl an klassischen, aber auch exotischeren Konfitüren und Gelees finden Sie ab der S. 56.

Gelierprobe

Ob Konfitüren und Co. nach dem Kochen die richtige Konsistenz haben, um abgefüllt zu werden, entscheiden Sie mit der Gelierprobe. Dazu geben Sie eine kleine Menge der heißen Fruchtmasse auf einen kalten Teller. Lässt sich der Teller kippen, ohne dass die Masse herunterläuft, ist sie fertig.

Zu den Marmeladen- und Konfitüreklassikern gehören Erdbeeren, Himbeeren, Brombeeren und Johannisbeeren. Sie sind i. d. R. sehr saftig, sodass Sie nur wenig Wasser zusetzen müssen. Stein- und Kernobst wie Pflaumen, Kirschen oder Aprikosen garen länger, bieten dafür aber eine Fülle an verschiedenen Aromen.

Eine selbst gemachte Aprikosenkonfitüre schmeckt köstlich und ist einfach herzustellen.

Gemüsemarmelade

Sind Sie experimentierfreudig, können Sie auch aus Gemüse Marmelade kochen. Damit es fest wird, müssen Sie Pektin zusetzen. Möhren sind z. B. herrlich zart, leicht süß und haben eine wunderbare Farbe. Ebenfalls geeignet sind Auberginen, rote Paprika und Tomaten. Ungewöhnlich lecker!

Chutneys

Sind unter Ihren Lieben keine ausgemachten Süßschnäbel, sind selbst gemachte Chutneys eine prima Alternative zum Verschenken. Die delikaten, süßsauren Mischungen aus Obst, Gemüse und Gewürzen passen hervorragend zu Fleisch und Käse. Sie peppen einfache Speisen und traditionelle Braten auf und geben ihnen den richtigen Pfiff. Apfel, Birne und Pflaume machen sich ebenso gut im Glas wie exotischere Obstsorten, z. B. Feigen oder Cranberrys. Chutneys auf Gemüsebasis lassen sich gut aus Paprika, Zucchini und Tomaten kochen. Schneiden Sie das Obst oder Gemüse in mundgerechte Stücke, geben Zucker, Essig und Gewürze hinzu und lassen das Ganze so lange köcheln, bis die Masse dick ist. Dann sofort in sterilisierte Gläser umfüllen und luftdicht verschließen. Stellen Sie die fertigen Gläser an einen dunklen, kühlen Ort. Das Chutney sollte mindestens einen Monat ruhen, damit sich die Aromen voll entfalten können.

Viele fruchtig-würzige Chutney-Ideen finden Sie ab der S. 71.

Soßen und Fonds

Sind in Ihrer Familie auch so viele Pasta-Liebhaber? Dann ist Ihre selbst gemachte Tomatensoße mit Sicherheit ein Renner. Auch andere Gemüse- und Obstsorten lassen sich schnell und einfach zu köstlichen Soßen oder Fonds verarbeiten. Besonders wenn die Ernte reichlich ausfällt, lohnt sich die Herstellung von ein paar Gläsern für die Vorratskammer. Theoretisch sind sie dort einige Monate haltbar, in der Praxis ist ihr leckerer Inhalt leider allzu schnell verbraucht.

Aus Tomaten, Zwiebeln und Paprika werden ideale Pastasoßen, Basilikum, Rucola und Koriandergrün sorgen als Pesto für mediterranes Flair, Pflaumensoße ist das passende Präsent für Freunde der asiatischen Küche, und Zubereitungen aus Apfel oder Brombeere geben dem Sonntagsbraten eine ganz besondere Note.

Auch Fonds als Grundlage für Soßen oder zum Verfeinern von Speisen sind leicht zu kochen, erfordern aber meistens etwas mehr Zeit, da sie aus mehr Zutaten bestehen.

Einlegen

Das Einlegen von Obst, Gemüse und Kräutern ist eine sehr einfache Methode, um die Ernte aus dem Garten und vom Balkon über einen längeren Zeitraum zu konservieren. Einlegen lässt sich fast alles. Früchte in Essig oder Alkohol, Gemüse und Kräuter in Öl oder Salz. Im Handumdrehen sind so ein paar äußerst aromatische Geschenke fertig. Damit Sie und der Beschenkte viel Freude daran haben, sollten Sie auf absolute Hygiene bei der Arbeit achten und ausschließlich Geräte und Flaschen verwenden, die sterilisiert sind.

Klassische Dillgurken gehören zu einer deftigen Brotzeit dazu.

Essig und Öl

Wie gut Ihr Endprodukt schmeckt, hängt unmittelbar von der Qualität des verwendeten Essigs oder Öls ab. Arbeiten Sie deshalb nur mit hochwertigen Ausgangsprodukten. Die Herstellung ist

simpel. Geben Sie die vorbereiteten Kräuter oder Obststücke in das Gefäß und gießen Sie Essig auf. Das Einfüllgut muss vollständig mit Flüssigkeit bedeckt sein. Verschließen Sie die Flaschen dicht. Sie müssen für mindestens zwei Wochen an einem dunklen und kühlen Ort ruhen. Testen Sie zwischendurch das Aroma. Trifft der Geschmack Ihre Erwartungen, gießen Sie den Essig durch ein Sieb und entfernen die Kräuter.
Mit Gartenkräutern wie Rosmarin, Petersilie und Dill zaubern Sie einen aromatischen Würzessig. Auch Zitrone, Orange und Himbeere veredeln den Essig und machen sich gut im Dressing.

Aromatisierte Öle stellen Sie auf die gleiche Weise her. Das Öl nimmt den Geschmack der Kräuter und Gemüse an. Deshalb sollte es selbst nicht allzu dominant sein. Gut geeignet sind milde Raps-, Sonnenblumen-, Distel- oder Olivenöle. Zum Verschenken können Sie hübsch aussehende Kräuterzweige in der Flasche belassen. Sie sollten vom Beschenkten entfernt werden, wenn sie nicht mehr vollständig mit Öl bedeckt sind.

Neben Kräuterölen sind Antipasti, eingelegte Gemüse wie Zucchini, Paprika, Aubergine oder Zwiebel, gern gesehene Mitbringsel. Eingelegter Kürbis passt gut zu Fleischgerichten und kann als Kompott genossen werden.
Kreative Rezepte für eingelegte Köstlichkeiten und Feines aus der Flasche finden Sie in diesem Buch ab der S. 78.

Kräuter einlegen

Bevor Sie Kräuter in Öl einlegen, müssen sie unbedingt trocken sein. Tupfen Sie sie nach dem Waschen gut mit Küchenpapier ab und lassen Sie sie entweder an der Luft oder bei niedriger Temperatur (50–60 °C) im Backofen trocknen. Feuchte Kräuter trüben das Öl und verringern dessen Haltbarkeit deutlich.

Alkohol

In hochprozentigem Alkohol (54 Vol.-%) eingelegte Früchte halten sich über Jahre und versprechen einen wahrhaft berauschenden Genuss. Hängen die Beerensträucher und Obstbäume voll, können Sie z. B. einen Rumtopf ansetzen. Dazu wird das Obst zusammen mit Zucker oder Kandis in ein hohes Gefäß gegeben und mit Rum übergossen. Große Früchte zerteilen Sie vorher in mundgerechte Stücke. Praktisch ist dabei, dass Sie den Rumtopf nach und nach füllen können, gerade so, wie die Früchte reif werden. Die neue Schicht kommt einfach obenauf, Rum wird aufgefüllt. An einem dunklen und kühlen Ort für zwei Monate durchziehen lassen und dabei ab und zu schwenken, damit sich der Zucker gut löst. Die Früchte verlieren mit der Zeit ihre Farbe, büßen aber nichts von ihrem Geschmack ein. Einzeln eingelegte Obstsorten bleiben länger „farbecht". Alle Früchte lassen sich auch in Obstbränden, Wodka oder anderen Alkoholsorten mit einem geringeren Alkoholgehalt (38–42 Vol.-%) einlegen. Das Verfahren bleibt gleich, nur die Haltbarkeit sinkt. Rezepte für fruchtig-süße Liköre stehen auf den S. 93 und 94.

Salz

Eingesalzene Gemüse oder Kräuter bleiben auch ohne Erhitzen oder Tiefkühlen haltbar. Das Salz entzieht den Lebensmitteln Wasser, und dadurch entfällt die Lebensgrundlage von Mikroorganismen. Waschen und trocknen Sie das Einsalzgut und geben Sie es anschließend klein geschnitten oder gehackt schichtweise in ein sauberes Gefäß. Achten Sie darauf, dass keine Hohlräume entstehen. Jede Schicht mit Salz bestreuen und das volle Gefäß gut verschließen. Plündern Sie den Kräutergarten und stellen Sie auf diese Art leckere Würzmischungen her (Rezept auf der S. 77). Weiß- und Rotkohl, Gurken und Bohnen lassen sich genauso gut einsalzen wie Zitronen und Limetten. In einem schönen Glas verstaut sind sie ein echter Hingucker, bevor sie die heimische Küche geschmacklich bereichern.

Trocknen

Frisch geerntete Kräuter, Gemüse und Früchte schmecken auch getrocknet wunderbar. Sie sind bei guter Lagerung oft über Monate haltbar, denn ohne das in ihnen enthaltene Wasser sind die Mikroorganismen nicht lebensfähig. Zusätzlicher Vorteil: Sie verbrauchen bei der Lagerung wenig Platz. Das A und O beim Dörren ist das Tempo. Lassen Sie Ihre Ernte möglichst schonend und langsam trocknen. Große Obst- und Gemüsesorten werden dazu in dünne Scheiben geschnitten und zum Trocknen aufgehängt oder im Ofen bei niedrigen Temperaturen gedörrt (Backofentür unbedingt einen Spalt offen lassen!). Die Temperatur muss immer konstant sein. Obst und Gemüse sind fertig, wenn sie ca. um die Hälfte geschrumpft, aber noch biegsam sind. Kräuter lassen sich im getrockneten Zustand leicht vom Stiel lösen und zwischen den Fingern zerbröseln.

Chilischoten lassen sich gut in der Sonne aufgehängt trocknen.

Dörrautomaten
Naschen Sie gerne und reichlich Trockenobst, empfiehlt sich u. U. die Anschaffung eines Dörrgeräts. In mehreren Lagen lassen sich die Früchte darin ganz bequem trocknen.

Kandieren
Mit dieser einfachen, aber sehr aufwendigen Methode stellen Sie zuckersüße Verführungen her. Die so zubereiteten Früchte sind durch den sehr hohen Zuckergehalt monatelang haltbar. Beim Kandieren wird nach und nach das Wasser in den Fruchtzellen gegen Zucker ausgetauscht. Die vorbereiteten Obststücke (gewaschen, entsteint, gewogen, rundherum eingestochen) werden in regelmäßigen Abständen immer wieder mit Zuckersirup übergossen und abschließend getrocknet. Verwenden Sie nur feste, makellose Früchte. Aprikosen, Birnen, Kirschen, alle Arten von unbehandelten Zitrusfrüchten, Mirabellen, Pflaumen und auch kleine Erdbeeren sind gut geeignet.

Lagerung

War die Ernte gut und haben Sie nicht alles verbraucht, können Sie den Überschuss auch lagern. Ein kühler, dunkler Keller mit hoher Luftfeuchtigkeit (bis 90 %) und guter Luftzirkulation ist dafür optimal. Lagerfähiges Obst wie Äpfel, Quitten und Birnen legen Sie dazu nebeneinander auf einer Papierlage aus. Die Früchte dürfen nicht schadhaft sein. Kontrollieren Sie das Obst regelmäßig und sortieren Sie aus, was nicht mehr makellos ist. Kartoffeln fühlen sich am wohlsten in einer Kartoffelkiste. Aus der unteren Lade lassen sie sich bequem entnehmen, und durch das Nachrutschen drehen und wenden sich die Knollen von selbst. Späte Sorten mit harter Schale sind sehr robust und gut lagerfähig. Auch Möhren, Rote Bete und Kohlrabi lieben es dunkel und kühl. Sie bleiben bis zum Frühjahr frisch, wenn sie in feuchtem Sand aufbewahrt werden. Große Gemüse wie Kohl hängen Sie in Tüchern auf. Zwiebeln und Knoblauch mögen es zwar kühl, aber nicht dunkel und feucht. Sie werden gebündelt aufgehängt, bis die Schalen getrocknet sind. Frostharte Gemüsesorten wie Lauch belassen Sie den Winter über im Beet und ernten direkt von dort.

Bei einer korrekten Lagerung haben Sie frischen Obstgenuss bis in den Winter hinein.

Schöner verschenken

Dekorative Gläser, Töpfe und Flaschen

Geschenke aus dem Garten sind für sich allein genommen schon etwas Wunderbares. Wenn sie dann noch liebevoll verpackt sind, werden sie zu etwas ganz Außergewöhnlichem.

Füllen Sie Ihre Küchenschätze zum Verschenken in schöne Flaschen und Gläser ab, z. B. in Einweckgläser und Flaschen mit Bügelverschluss. Stöbern Sie auf Flohmärkten nach besonderen Formen und Farben. Oft findet man dort für wenig Geld alte Flaschen und andere Glasbehältnisse mit ungewöhnlichem Aussehen. Eckige, sehr bauchige oder extrem schlanke Formen geben Ihrem Likör und der Marmelade ein exklusives Aussehen. Achten Sie in Supermärkten auf ungewöhnliche Gläser und Flaschen in Probiergrößen. Sie sind wunderbare Verpackungen für Kostproben aus der Küche. Einige Läden sind zudem darauf spezialisiert, Getränke und Würzmittel lose abzufüllen. Dort finden Sie ebenfalls eine Reihe schöner Flaschen und Verschlüsse.
Backwaren lassen sich wunderbar in dekorativen Töpfen überreichen. Omas alter Emaillekochtopf, die Kanne und der Steinguttopf vom Trödler kommen so noch einmal zu Ehren und bieten für Brot und Muffins den perfekten Rahmen.

Kleine Beigaben

Befestigen Sie einen schönen Marmeladenlöffel, ein hübsches Buttermesser oder eine andere passende Zugabe außen am Geschenk.

Nicht fündig geworden? Macht nichts! Auch aus einer ganz gewöhnlichen Flasche oder einem alten Marmeladenglas zaubern Sie mit geringem Aufwand eine ganz persönliche Verpackung. Befestigen Sie eine Schablone auf dem Glas und sprühen Sie mit Metallic-Lack ein Muster auf. Nach Entfernen der Schablone wird die Verzierung in ihrer ganzen Pracht sichtbar. Im Fachhandel gibt es auch spezielle Glas- und Keramikfarbe, mit der Sie dem Glas mit ein paar Strichen eine ganz persönliche Note verleihen. Wesentlich mehr Aufwand macht es dagegen, das Glas gravieren zu lassen. Auf Kunsthandwerker- und Weihnachtsmärkten ist das Handwerk der Graveure oft vertreten, und Sie können für ein paar Euro einen Schriftzug oder ein Ornament gravieren lassen.

Häufig sind die Gefäße zwar schön, die Deckel aber nicht sonderlich attraktiv. Dem können Sie mit ein wenig buntem Stoff schnell abhelfen. Be-

ziehen Sie die Deckel damit oder schneiden Sie mit der Zackenschere ein Stück zu, das etwas größer ist als der Deckel selbst. Mit einem hübschen Gummi oder Band wird daraus im Handumdrehen eine fröhliche Haube. Wählen Sie den Stoff passend zum Inhalt, hält der Beschenkte ein köstliches Gesamtkunstwerk in Händen.
Nicht immer muss es Glas sein. Auch Verpackungen aus Karton und Papier sind wunderschön. Selbst gebackene Kuchen und Plätzchen kommen in farbenfrohen oder eleganten Schachteln sehr gut zur Geltung. Falten Sie aus Tonpapier kleine Tütchen und Beutel, um Samen oder Kräuter zu verschenken. Verzieren Sie die Verpackung mit einem kleinen Stempel. Dosen sind das ideale Aufbewahrungsgefäß für selbst gemachte Kräutermischungen und -tees, aber auch für kandierte Früchte gut geeignet.

Schleifen und Bänder

Wählen Sie passend zum Gefäß und dessen Inhalt hübsche Schleifen, Bänder und Kordeln aus. Es gibt sie in allen Formen und Farben fertig zu kaufen. Sie können aber auch selbst schmale Bänder mit einem Stempel passend zum Anlass verzieren. Weitere hübsche Verzierungen können Sie aus Torten-, Häkel- oder echter Spitze basteln und damit Ihr selbst gemachtes Geschenk verschönern.

Anhänger und Etiketten

Aus einem Streifen Tonkarton schneiden Sie einen Anhänger zurecht. Stanzen Sie mit der Lochzange oder einem gewöhnlichen Locher ein Loch in den oberen Teil, durch das Sie das Band zur Befestigung ziehen können. Verzieren Sie den Anhänger ganz nach Ihren Wünschen und Vorstellungen und beschriften Sie ihn. Vermerken Sie nicht nur den Inhalt, sondern auch das Herstellungs- und Haltbarkeitsdatum Ihres Geschenks.

Dekorative Bänder, Verpackungen und Anhänger verleihen jedem Geschenk eine individuelle Note.

Pflanzenporträts von A bis Z

Obstporträts

Apfel

Malus domestica

Standort

Der Apfel liebt es sonnig und windgeschützt und braucht einen nahrhaften, lehmigen und gleichmäßig feuchten Boden.

Pflanzung/Aussaat/Anbau

Pflanzen Sie im Spätherbst oder im Frühjahr. Sind Sie sich nicht sicher, ob in der Nähe weitere Apfelbäume zur gleichen Zeit blühen, pflanzen Sie gleich zwei, sonst wird es mit der Befruchtung nichts.

Pflege

Wenn die Früchte reifen, müssen Sie den Baum gut wässern und Wassertriebe entfernen.

Ernte

Sie können je nach Sorte von August bis Oktober ernten.

Aprikose

Prunus armeniaca

Standort

Die Aprikose bevorzugt milde Lagen und verträgt keinen Frost.

Pflanzung/Aussaat/Anbau
Pflanzen Sie am besten im Frühjahr.

Pflege
Vermeiden Sie unbedingt Staunässe. Während der Blütezeit, Fruchtbildung und Fruchtausbildung sollten Sie ausreichend wässern.

Ernte
Die Früchte reifen zu unterschiedlichen Zeitpunkten, sodass mehrere Ernten möglich sind.

Birne

Pyrus communis

Standort
Ein Birnbaum braucht es sehr warm. Zur Befruchtung muss eine andere Birnensorte in der Nähe sein.

Pflanzung/Aussaat/Anbau
Pflanzen Sie die Birne im Herbst oder Frühjahr, in kleinen Gärten als Säule, Spalier oder Hochstamm.

Pflege
Birnen haben großen Nährstoffhunger, einmal sollten sie jährlich mit Kompost gedüngt werden.

Ernte
Birnen sind reif, wenn sie sich am Stiel leicht abdrehen lassen.

Erdbeere

Fragaria

Standort
Die Erdbeere braucht einen sonnigen und windgeschützten Standort.

Pflanzung/Aussaat/Anbau
Verschiedene Sorten sind im Handel erhältlich. Es gibt einmal oder mehrmals tragende Züchtungen.

Im Frühjahr sollten mehrmals tragende oder im August einmal tragende Sorten gesetzt werden. Für einen guten Boden wechseln Sie die Standorte alle paar Jahre.

Pflege
Nach dem Blühbeginn decken Sie den Boden um die Pflanzen mit Stroh oder Heu ab. Entfernen Sie die Ausläufer, wenn keine Vermehrung erfolgen soll.

Ernte
Je nach Region kann von Ende Mai bis Mitte Juli geerntet werden.

Himbeere
Rubus idaeus

Standort
Himbeeren lieben feuchte, nährstoffreiche Erde.

Pflanzung/Aussaat/Anbau
Setzen Sie die Himbeere im Herbst oder im Frühjahr.

Pflege
Mulchen Sie regelmäßig und kürzen Sie stark wachsende Triebe, alte Triebe nach der Ernte bodennah abschneiden.

Ernte
Die Ernte kann Ende August bis zum Frost erfolgen.

Johannisbeere
Ribes rubrum, Ribes nigrum

Standort
Johannisbeeren mögen einen nährstoffreichen Boden und einen geschützten, sonnigen Platz.

Pflanzung/Aussaat/Anbau
Die meisten roten Sorten brauchen keinen Befruchtungspartner. Schwarze Johannisbeeren benötigen eine andere Sorte in der Nähe.

Pflege
Nach der Ernte lichten Sie die Johannisbeeren gründlich aus und schneiden fruchttragende Triebe stark zurück.

Ernte
Sie können die Früchte Juni bis August ernten.

Kirsche
Prunus avium, Prunus cerasus

Standort
Die Kirsche braucht einen sonnigen Standort. Sie stellt keine besonderen Ansprüche an den Boden. Vermeiden Sie Staunässe.

Pflanzung/Aussaat/Anbau
Süßkirschen wachsen zu stattlichen Bäumen heran und brauchen fünf bis sechs Jahre, bis sie das erste Mal tragen. Sauerkirschen tragen im zweiten Jahr nach dem Pflanzen.

Pflege
Schneiden Sie Wassertriebe dicht am Ast ab. Süßkirschen müssen regelmäßig nach der Ernte beschnitten werden.

Ernte
Geerntet werden kann Juni bis Juli.

Mirabelle, Pflaume
Prunus domestica

Standort
Sie lieben es besonders warm und bevorzugen einen geschützten Platz an der Hauswand.

Pflanzung/Aussaat/Anbau
Pflanzen Sie Mirabellen und Pflaumen im Herbst.

Pflege
Mulchen Sie den Boden nach der Blüte, damit er genügend Feuchtigkeit hat.

Ernte
Ernten Sie je nach Sorte von Ende Juli bis Anfang September.

Quitte
Cydonia oblonga

Standort
Die Quitte bevorzugt einen sonnigen Standort.

Pflanzung/Aussaat/Anbau
Pflanzen Sie diese zum Frühjahr oder im Herbst.

Pflege
Die Quitte ist unkompliziert. Sie muss wenig ausgelichtet werden, ggf. braucht sie etwas Kompost.

Ernte
Ernten Sie Quitten vor dem ersten Frost. Die Früchte sind nicht zum Rohverzehr geeignet.

Stachelbeere
Ribes uva-crispa

Standort
Die Stachelbeere braucht Sonne oder Halbschatten.

Pflanzung/Aussaat/Anbau
Geben Sie beim Pflanzen etwas Kompost hinzu. Die beste Zeit hierfür ist der Spätherbst.

Pflege
In der Wachstumsphase sollte die Stachelbeere kräftig gemulcht werden. Sie kann über Stecklinge vermehrt werden.

Ernte
Sie können ernten, sobald die Früchte ungefähr einen Durchmesser von 1,5 cm haben.

Gemüseporträts

Blumenkohl

Brassica oleracea

Standort

Der Blumenkohl braucht einen sehr nährstoff- und humusreichen Boden. Frühe Sorten mögen es warm und sonnig, Herbstsorten eher kühl.

Pflanzung/Aussaat/Anbau

Pflanzen Sie je nach Sorte von April bis Juni. Verwenden Sie Setzlinge aus der Gärtnerei, da Blumenkohl nicht leicht zu ziehen ist.

Pflege

Gießen, hacken und düngen Sie regelmäßig.

Ernte

Ernten können Sie ca. drei Monate nach der Pflanzung.

Verwendung

Blumenkohl schmeckt köstlich als Gemüsebeilage, Auflauf, aber auch sauer eingelegt (s. S. 82).

Erbse

Pisum sativum

Standort

Erbsen bevorzugen einen kühlen, halbschattigen Platz, auf der Südterrasse ist es ihnen zu heiß.

Pflanzung/Aussaat/Anbau

Ab Mitte April können Sie sie direkt aussäen, bei Aussaat im Kübel vor Frost schützen. Setzen Sie sie nicht zu dicht, sonst sind sie anfällig für den Echten Mehltau.

Pflege

Bieten Sie Erbsen eine Rankhilfe an. Wässern Sie während der Blütezeit reichlich, düngen Sie nach der Blüte nicht mehr.

Ernte

Ernten Sie Erbsen ca. acht Wochen nach der Aussaat. Zuckererbsen sollten Sie unreif ernten, wenn sie noch nicht aufgeblasen sind, Markerbsen sind erst bei sichtbarer Hülsenrundung erntereif.

Verwendung

Markerbsen sind eine wunderbare Gemüsebeilage, Zuckererbsen können Sie sogar ohne Bedenken roh direkt vom Strauch knabbern. Warm zubereitet sollten sie keinesfalls gekocht, sondern nur gedünstet werden.

Fenchel

Foeniculum vulgare

Standort

Fenchel braucht es sonnig und warm und liebt kalk- und humushaltige Böden.

Pflanzung/Aussaat/Anbau

Säen Sie je nach Sorte von Mitte April bis Mitte Juni direkt ins Freiland aus.

Pflege

Fenchel ist sehr wärmebedürftig. Gießen und hacken Sie regelmäßig. Häufeln Sie Knollen auf halber Höhe an, damit sie weiß und süß werden.

Ernte

Fenchel ist drei bis vier Monate nach der Aussaat erntereif, spätestens aber Ende Oktober/Anfang November.

Verwendung

Fenchel gibt Gemüsebeilagen und Salaten eine besondere Note, schmeckt aber auch eingelegt sehr gut (s. S. 80).

Gurke

Cucumis sativus

Standort

Die Gurke liebt es sonnig und bevorzugt humusreiche Böden.

Pflanzung/Aussaat/Anbau

Ziehen Sie Gurken ab April in Töpfen vor und setzen Sie die Jungpflanzen nach den Eisheiligen ins Freiland.

Pflege

Wässern Sie Gurken während der Blütezeit gut und achten Sie auf eine gleichmäßige Bodenfeuchtigkeit.

Ernte

Gurken können knapp zwei Wochen nach Beginn der Blüte geerntet werden, danach laufend.

Verwendung

Gurken schmecken im Salat oder auch ausgezeichnet in Essig eingelegt (s. S. 78).

Möhre

Daucus carota subsp. sativus

Standort

Die Möhre liebt es sonnig und braucht eher sandigen, lockeren Boden.

Pflanzung/Aussaat/Anbau

Säen Sie Möhren März bis Juli in Reihen oder mit Saatscheiben in Töpfen. Bedecken Sie diese nur flach mit Erde.

Pflege

Halten Sie die Erde feucht und mulchen Sie. Schauen die Möhren aus der Erde, häufeln Sie an, so werden die Köpfe nicht grün.

Ernte
Möhren sind Sommer bis Winter erntereif.

Verwendung
Möhren schmecken als Rohkost (herzhaft und süß), als Gemüsebeilage, im Auflauf, Eintopf oder der Suppe. Kuchen machen sie besonders saftig.

Paprika
Capsicum annuum

Standort
Der Paprika bevorzugt einen sonnigen Platz.

Pflanzung/Aussaat/Anbau
Kultivieren Sie Paprika ab März vor, setzen Sie ihn Ende Mai in Töpfe um und ziehen ihn dort auf.

Pflege
Damit sich die Pflanze verzweigt, entfernen Sie den ersten Fruchtansatz.

Ernte
Zwei bis vier Monate nach der Blüte kann Paprika geerntet werden, entweder noch grün oder entsprechend später als rote Frucht.

Verwendung
Paprika ist ideal als knackige Rohkost, aber auch köstlich gefüllt oder eingelegt (s. S. 81).

Salat
Lactuca sativa

Standort
Der Kopfsalat benötigt einen geschützten und sonnigen Platz, am besten mit einem durchlässigen, humosen Boden.

Pflanzung/Aussaat/Anbau
Er kann ab Ende Februar im Frühbeet ausgesät werden und kommt von April bis Ende Juli direkt ins Freiland.

Pflege
Der Kopfsalat sollte ausreichend gewässert und gemulcht werden. Nie auf die Blätter gießen, immer nur auf die Erde.

Ernte
Sie können ihn ca. zehn Wochen nach der Aussaat ernten.

Verwendung
Der Kopfsalat ist eine knackige Salatgrundlage.

Tomate

Solanum lycopersicum

Standort
Die Tomate braucht einen sonnigen, vor Regen geschützten Standort.

Pflanzung/Aussaat/Anbau
Die Aussaat erfolgt Ende Februar bis Mitte März, ins Freiland ab Mitte Mai.

Pflege
Setzen Sie die Tomate mehrmals in größere Töpfe um. Stützen und führen Sie sie mit einem Spiralstab. Düngen und wässern Sie sie ausreichend und entfernen Sie die Seitentriebe.

Ernte
Die Früchte können ab Mitte Juli, dann laufend, geerntet werden.

Verwendung
Die Tomate findet Verwendung im Salat, als Suppe, als Soße (ein Rezept für Tomatenketchup steht auf der S. 76) und eignet sich auch sehr gut zum Einlegen (s. S. 83) und zum Trocknen.

Zucchini

Cucurbita pepo subsp. pepo convar. giromontiina

Standort
Die Zucchini braucht es sonnig.

Pflanzung/Aussaat/Anbau
Ziehen Sie die Zucchini ab Ende April vor, ab Mitte Mai kann sie dann ins Freiland. Die Zucchini ist sehr kälteempfindlich und benötigt einen nährstoffreichen Boden.

Pflege
Die Zucchini sollte gut gewässert werden und wird gegen Ende des Sommers oft von Echtem Mehltau befallen, der aber nicht immer schädliche Auswirkungen hat.

Ernte
Zucchini können Sie kurz nach der Blüte, dann laufend, ernten.

Verwendung
Zucchini sind sehr beliebt als Gemüsebeilage, im Auflauf oder gegrillt und eingelegt. Ein feines Rezept für eingelegte Zucchini steht auf der S. 80, Zucchini-Feta-Muffins finden Sie auf der S. 53.

Zwiebel

Allium cepa

Standort
Die Zwiebel stellt keine besonderen Ansprüche an den Boden.

Pflanzung/Aussaat/Anbau
Steck- oder Setzzwiebeln können Sie ab April pflanzen. Sorten, die überwintern, sollten Sie im Frühherbst in den Boden stecken.

Pflege
Halten Sie das Beet von Unkraut frei und hacken Sie gelegentlich.

Ernte
Herbstzwiebeln sind im Frühsommer erntereif. Alle anderen Zwiebeln kommen aus dem Boden, wenn die oberirdischen Teile gelb werden. Hängen Sie sie zum Trocknen auf.

Verwendung
Die Zwiebel ist das ideale Würzgemüse und passt zu allem.

Kräuterporträts

Basilikum

Ocimum basilicum

Standort

Basilikum liebt einen sonnigen Platz und bevorzugt lockere, humose Böden.

Pflanzung/Aussaat/Anbau

Säen Sie ab März im Haus aus, ab Mitte Mai ins Freiland.

Pflege

Wässern Sie ihn ausreichend und vermeiden Sie Staunässe.

Ernte

Geerntet werden die frischen Blätter. Brechen Sie die Blüten heraus.

Verwendung

Basilikum passt gut zu tomatigen Suppen und Soßen, er sollte erst kurz vor dem Servieren zugefügt werden. Ein Rezept für Basilikum-Konfitüre finden Sie auf S. 67.

Dill

Anethum graveolens

Standort

Dill bevorzugt sonnige, warme Plätze und durchlässigen, humosen Boden.

Pflanzung/Aussaat/Anbau
Säen Sie ab April ins Freiland aus, Nachsaat alle zwei bis drei Wochen.

Pflege
Dill stellt keine besonderen Ansprüche, ggf. mulchen Sie ihn.

Ernte
Die frischen Dillblätter können während des ganzen Sommers geerntet werden. Beschneiden Sie die Dolden, wenn sich die Samenkörner bräunlich färben.

Verwendung
Dill, ein klassisches Küchenkraut, passt gut in Suppen, Gurkensalat; die Blütenstände finden Verwendung bei der Konservierung von Gurken.

Estragon

Artemisia dracunculus

Standort
Estragon braucht einen geschützten, sonnigen und warmen Platz im durchlässigen Boden.

Pflanzung/Aussaat/Anbau
Estragon vermehren Sie im Sommer durch Stecklinge, im Winter durch Wurzelteilung. Pflanzen Sie Estragon nicht in die Nähe von Petersilie.

Pflege
Wässern Sie Estragon ausreichend. Schneiden Sie ihn im Herbst ab und schützen Sie ihn im Winter mit Zweigen und Reisig vor Frost.

Ernte
Frische Blätter und Triebspitzen können Sie während der Wachstumsperiode laufend ernten.

Verwendung
Estragon ist der ideale Begleiter für Marinaden, Fleisch- und Fischgerichte, in Suppen und zur Aromatisierung von Essig. Auch Salz lässt sich mit Estragon verfeinern (s. S. 77).

Lavendel

Lavendula angustifolia

Standort
Der Lavendel mag viel Sonne und trockene, kalkhaltige und sandige Böden. Vermeiden Sie Staunässe.

Pflanzung/Aussaat/Anbau

Säen Sie Lavendel im März in Schalen auf der Fensterbank aus (Keimzeit drei bis vier Wochen). Ab Mai werden die Setzlinge ins Freiland gepflanzt.

Pflege

Lavendel braucht einen Rückschnitt vor dem Austrieb im Frühjahr und nach der Blüte (bei alten Pflanzen).

Ernte

Er ist Juli bis August erntereif.

Verwendung

Lavendel schmeckt gut im Salat und verfeinert auch süße Konfitüren (s. S. 62).

Majoran

Origanum majorana

Standort

Majoran bevorzugt einen sonnigen, warmen Standort mit humusreichem, durchlässigem Boden.

Pflanzung/Aussaat/Anbau

Seine Vorkultur erfolgt ab März auf der Fensterbank. Die Aussaat ist ab Mitte Mai an einem geschützten, sonnigen Platz. Bedecken Sie die Samen nur dünn mit Erde. Topfkultur ist bei Majoran möglich.

Pflege

Vermeiden Sie Staunässe und hacken und jäten Sie regelmäßig.

Ernte

Bei Majoran können Sie den ganzen Sommer über die frischen Blätter ernten. Zum Trocknen verwenden Sie ihn erst kurz vor der Blüte.

Verwendung
Das mediterrane Gewürz ist ideal für Hackbraten, Geflügel und in Soßen.

Oregano
Origanum vulgare

Standort
Der Oregano bevorzugt sonnige, warme Standorte auf mageren, durchlässigen Böden.

Pflanzung/Aussaat/Anbau
Die Aussaat kann ab April auf der Fensterbank erfolgen, ins Freiland ab Mai. Seine Vermehrung ist durch Stecklinge und Wurzelausläufer möglich.

Pflege
Schneiden Sie die Triebe im Frühjahr stark zurück. Im Winter mit Reisig vor Frost schützen.

Ernte
Oregano ist von Frühjahr bis Herbst erntereif.

Verwendung
Der wilde Bruder von Majoran passt gut zu Tomatengerichten, Schweine- und Lammfleisch, in Eintöpfe und Nudelgerichte.

Petersilie
Petroselinum crispum

Standort
Petersilie liebt feuchte, halbschattige Plätze.

Pflanzung/Aussaat/Anbau
Ab April kann sie ins Beet ausgesät werden. Wechseln Sie den Standort jedes Jahr. Petersilie wächst zweijährig.

Pflege
Die Petersilie benötigt keine besondere Pflege.

Ernte
Die Ernte ist ganzjährig möglich.

Verwendung
Glatte Petersilie würzt mit ihrem sehr aromatischen Geschmack viele Fisch-, Fleisch-, Geflügelspeisen und Suppen. Die krause Petersilie passt gut zu Quarkspeisen und ist ein Muss in Kräuterbutter.

Rosmarin
Rosmarinus officinalis

Standort
Rosmarin mag sonnige, windgeschützte Standorte. Er gedeiht auf humosen, durchlässigen Böden.

Pflanzung/Aussaat/Anbau
Pflanzen Sie ihn ab Mitte Mai aus.

Pflege
Wässern Sie Rosmarin ausreichend und düngen Sie ihn ab und zu. Überwintern Sie Rosmarin im Haus und topfen Sie ihn ab Februar um. Rosmarin mag warme Plätze.

Ernte
Frische Blättchen und junge Triebspitzen können immer geerntet werden, gerne auch im Winterquartier.

Verwendung
Rosmarin ist ein klassischer Bestandteil der Kräuter der Provence und eignet sich mit seinem herben Geschmack gut zum Würzen von Tomaten und Kartoffeln, Geflügel-, Lamm- und Fischgerichten. Ein ausgefallenes Rezept für ein Rosmarinbrot steht auf der S. 50.

Salbei
Salvia officinalis

Standort
Salbei liebt es sonnig und warm. Der Boden muss gut durchlässig, kalk- und mineralreich sein.

Pflanzung/Aussaat/Anbau
Ab März erfolgt die Anzucht auf der Fensterbank und ab Mitte Mai ins Freiland. Er ist gut geeignet für die Topfkultur. Salbei kann durch Teilung, Absenker und Stecklinge vermehrt werden.

Pflege
Salbei braucht einen Rückschnitt im Frühjahr und muss im Winter vor Frost geschützt werden.

Ernte
Er ist von Mai bis November erntereif.

Verwendung
Salbei wird häufig in der italienischen Küche verwendet und schmeckt köstlich als Füllung für Geflügel, in Suppen, zu Käse, Fisch und Fleisch. Ein schönes Geschenk ist auch das Salbei-Knoblauch-Öl auf S. 88.

Thymian
Thymus vulgaris

Standort
Thymian liebt sonnige, warme Standorte mit möglichst kalkhaltigem, sandigem Boden.

Pflanzung/Aussaat/Anbau
Seine Aussaat ist im März auf der Fensterbank möglich, dabei Samen nur andrücken, nicht bedecken. Ab Mitte Mai kann er ins Freiland.

Pflege
Thymian wenig düngen und nur mäßig gießen. Er braucht einen Rückschnitt im Frühjahr oder im Sommer. Im Winter sollte er vor Frost geschützt werden.

Ernte
Frische Blätter und junge Triebe können laufend gepflückt werden.

Verwendung
Thymian passt gut zu Fleisch- und Fischgerichten, Hülsenfrüchten, Tomaten, Suppen und Soßen. Er verleiht Marinaden und Kräuteressig ein mediterranes Flair. Das Kräutersalz von S. 77 wird mit Thymian ein idealer Begleiter für Fisch- und Fleischgerichte.

Die besten Rezepte für selbst gemachte Geschenke

Rosmarinbrot mit Meersalz

Für ca. 12 Stück:
Für den Hefeteig:
1/2 Würfel frische Hefe (21 g)
400 g Mehl
1/2 TL Salz
50 ml Olivenöl
4 Zweige Rosmarin
Mehl für die Arbeitsfläche
1 TL abgeriebene Zitronenschale (unbehandelt)
Außerdem:
Olivenöl zum Beträufeln
grobes Meersalz

Zubereitungszeit:
30 Min.
Gehzeit:
1 Std.
Backzeit:
30 Min.
Nährwerte pro Stück:
161 kcal, 674 kJ, 4 g EW, 5 g F, 24 g KH

1 Für den Teig Hefe zerbröckeln und in eine Rührschüssel geben. Mit 200 ml lauwarmem Wasser verrühren. Mehl in einer Schüssel mit Salz mischen. Die aufgelöste Hefe mit dem Öl zum Mehl geben. Alles zu einem geschmeidigen Teig verkneten. Zudecken und an einem warmen Ort ca. 45 Minuten gehen lassen.

2 Backofen auf 220 °C vorheizen. Rosmarin kalt abbrausen, trocken schütteln und die Nadeln abstreifen. Rosmarin hacken.

3 Hefeteig auf die bemehlte Arbeitsfläche geben und nochmals gut durchkneten. Dabei Rosmarin und Zitronenschale unterarbeiten. Dann den Teig ca. 1 cm dick ausrollen und in ca. 12 je 15 cm lange Streifen schneiden. Diese ineinander verdrehen.

4 Backblech mit Backpapier auslegen. Die Brote darauflegen und ca. 15 Minuten gehen lassen.

5 Nach Ende der Gehzeit die Brote mit Olivenöl beträufeln und mit Meersalz bestreuen. In den Backofen schieben und in 25–30 Minuten goldbraun backen.

Tomatenmuffins mit Zwiebeln und Basilikum

1 Backofen auf 200 °C vorheizen. Eine Muffinform mit Papierförmchen auslegen. Basilikum kalt abbrausen, trocken tupfen und die Blätter von den Stängeln zupfen. Basilikumblätter in Streifen schneiden.

2 Cocktailtomaten waschen, trocken tupfen und halbieren. Parmesan reiben. Zwiebel abziehen und würfeln. Butter in einer Pfanne zerlassen und die Zwiebelwürfel darin glasig anschwitzen.

3 Olivenöl, Quark, Milch, Eier und Parmesan zu einem glatten Teig verrühren. Mehl, Backpulver und Basilikum vermengen und in die Quarkmischung einrühren. Tomaten und Zwiebelwürfel vorsichtig unter den Teig heben. Teig in die Papierförmchen füllen. In den Backofen schieben und 25 Minuten backen.

4 Nach Ende der Backzeit das Blech aus dem Ofen nehmen. Muffins kurz in der Form ruhen lassen, dann herausnehmen und vor dem Verpacken auf einem Kuchengitter auskühlen lassen.

Für 12 Stück:
4 Stängel Basilikum
350 g reife Cocktailtomaten
75 g Parmesan
1 Zwiebel
20 g Butter
80 ml Olivenöl
250 g Magerquark
75 ml Milch
2 Eier
300 g Mehl
2 TL Backpulver

Zubereitungszeit:
25 Min.
Backzeit:
25 Min.
Nährwerte pro Stück:
142 kcal, 594 kJ, 7 g EW, 12 g F, 3 g KH

Nussbrot

Für 2 Brote:
500 g fein gemahlenes Dinkelvollkornmehl (alternativ Weizenvollkornmehl)
1 Würfel frische Hefe (42 g)
250 ml lauwarme Milch
1 Ei
1 TL Honig
60 g weiches Butterschmalz (z. B. von Butaris)
2 große Zwiebeln
1 Bd. Salbei
100 g Walnüsse
Salz
schwarzer Pfeffer, grob gemahlen

Zubereitungszeit:
40 Min.
Gehzeit:
30 Min.
Backzeit:
15 Min.
Nährwerte pro Brot:
1.500 kcal, 6.276 kJ, 49 g EW, 66 g F, 177 g KH

1 Mehl in eine Rührschüssel geben, eine Mulde hineindrücken und die zerbröckelte Hefe hineingeben. Lauwarme Milch, Ei, Honig und 2 EL Butterschmalz dazugeben. Das Ganze zu einem geschmeidigen Teig kneten und diesen an einem warmen Ort 20 Minuten gehen lassen.

2 Backofen auf 200 °C vorheizen. Ein Backblech mit Backpapier auslegen. Zwiebeln abziehen und hacken. Salbei abbrausen, trocken tupfen und die Blätter schneiden. Walnüsse hacken.

3 Übriges Butterschmalz in einer Pfanne erhitzen und Zwiebeln mit Salbei darin anschwitzen. Nüsse dazugeben und kräftig mit Salz und Pfeffer abschmecken.

4 Teig in 2 gleich große Stücke teilen. Jedes Teigstück ca. 1 cm dick ausrollen. Mit der Nussmasse bestreuen und den Teig zu Baguettes aufrollen.

5 Die Baguettes auf das mit Backpapier belegte Blech legen und nochmals ca. 10 Minuten gehen lassen. Dann in den Ofen schieben und auf der mittleren Schiene ca. 15 Minuten backen.

Zucchini-Feta-Muffins

1 Zucchini in dünne Streifen raspeln, Feta zerkrümeln und Walnüsse hacken.

2 Mehl mit Weinstein-Backpulver und Salz mischen. Eier mit Öl und Buttermilch mithilfe der Quirle des Handrührgerätes vermengen. Die Mehlmischung unterrühren. Mais, Zucchini, Walnüsse und Feta unterheben.

3 Den Teig auf 12 ausgefettete Muffinförmchen verteilen und im vorgeheizten Backofen bei 180 °C 20–25 Minuten backen. Dann die Muffins 5 Minuten auf dem Blech ruhen lassen. Anschließend herauslösen und auf einem Kuchengitter ganz abkühlen lassen.

Für 12 Stück:
100 g Zucchini
150 g Feta
80 g Walnusskerne
300 g Dinkelmehl Type 1050
3 TL Weinstein-Backpulver (z. B. von Alnatura)
1 TL Meersalz
2 Eier
80 ml Rapsöl
300 ml Buttermilch
100 g Mais, abgetropft

Zubereitungszeit:
20 Min.
Backzeit:
20–25 Min.
Nährwerte pro Stück:
114 kcal, 477 kJ, 5 g EW, 2 g F, 19 g KH

Einfrieren und genießen

Diese herzhaften Mini-Kuchen lassen sich prima einfrieren und später genießen.

Basilikum-Ziegenkäse-Muffins

Für 12 Stück:
Fett für das Blech
50 g Walnusskerne
5 Stängel Basilikum
100 g Ziegenkäserolle
250 g Mehl
2 1/2 TL Backpulver
1 Ei
60 g Margarine (z. B. von Rama)
2 TL grünes Pesto
250 g Buttermilch

Zubereitungszeit:
20 Min.
Backzeit:
40 Min.
Nährwerte pro Stück:
177 kcal, 737 kJ, 6 g EW, 10 g F, 16 g KH

1 Muffinblech einfetten und in den Gefrierschrank stellen. Backofen auf 180 °C vorheizen.

2 Walnusskerne grob hacken. Basilikum waschen, trocken schütteln, Blättchen von den Stängeln zupfen und klein schneiden. Ziegenkäse in kleine Würfel schneiden.

3 Mehl mit Backpulver mischen. In einer zweiten Schüssel Ei, Margarine, Pesto, Basilikum und Buttermilch mit den Quirlen des Handrührgerätes gut vermengen. Mehlmischung und Ziegenkäse unterrühren und Walnusskerne unterheben.

4 Muffinmulden zu ca. 2/3 mit Teig füllen. Im vorgeheizten Backofen ca. 40 Minuten backen. Anschließend Muffins auf dem Blech ca. 5 Minuten ruhen lassen, dann herausnehmen und auf einem Kuchengitter abkühlen lassen.

Zwiebel-Speck-Hörnchen

1 Mehl, Margarine, Quark und Salz verkneten, ca. 1 Stunde kühl stellen.

2 Speck würfeln, Zwiebeln schälen und ebenfalls würfeln. Speck in einer Pfanne ohne Fett auslassen, Zwiebeln dazugeben und glasig dünsten. Cremefine und Kräuter einrühren und das Ganze mit Pfeffer abschmecken.

3 Teig auf einer gut bemehlten Fläche kreisförmig mit ca. 40 cm Durchmesser ausrollen und in 8 gleich große Dreiecke schneiden (wie Tortenstücke). Auf jedes Dreieck ca. 1 EL Füllung geben und von außen aufrollen.

4 Auf ein mit Backpapier ausgelegtes Backblech legen und im vorgeheizten Backofen bei 200 °C ca. 30 Minuten backen.

Für 4 Portionen:
200 g Weizenmehl Type 1050
150 g kalte Margarine (z. B. Sanella)
200 g Magerquark
Salz
125 g durchwachsener Speck
125 g Zwiebeln
1 EL Cremefine zum Verfeinern (z. B. von Rama)
2 EL gehackte gemischte Kräuter
Pfeffer

Zubereitungszeit:
45 Min.
Kühlzeit:
1 Std.
Backzeit:
30 Min.
Nährwerte pro Portion:
287 kcal, 1.193 kJ, 9 g EW, 19 g F, 19 g KH

Erdbeerkonfitüre

Für 2 Gläser à ca. 300 ml:
500 g reife Erdbeeren
2 EL Zitronensaft
250 g Gelierzucker 2:1

Zubereitungszeit:
30 Min.
Ziehzeit:
1 Std.
Nährwerte pro Glas:
642 kcal, 2.686 kJ, 3 g EW, 2 g F, 149 g KH

1 Erdbeeren verlesen, kurz kalt abbrausen und in einem Küchensieb abtropfen lassen. Die Blättchen entfernen und Erdbeeren halbieren oder vierteln.

2 Erdbeeren mit einer Gabel oder einem Kartoffelstampfer zerdrücken. Mit Zitronensaft und Gelierzucker in einen großen Topf geben und verrühren. Deckel auflegen und das Ganze mindestens 1 Stunde Saft ziehen lassen.

3 2 Einmachgläser mit Bügelverschluss gründlich mit heißem Wasser reinigen und abtropfen lassen. In der Zwischenzeit die Fruchtmasse bei starker Hitze unter ständigem Rühren aufkochen und 3 Minuten sprudelnd kochen lassen. Die Gelierprobe machen, dabei ein wenig Fruchtmasse auf ein kleines Tellerchen geben und dieses schräg halten. Verläuft die Masse nicht, ist sie fest und die Konfitüre kann abgeschäumt werden.

4 Die Erdbeerkonfitüre sofort randvoll in die vorbereiteten Gläser füllen und fest verschließen. Gläser 5 Minuten auf den Deckel stellen, dann umdrehen und abkühlen lassen. An einem trockenen Ort kühl und dunkel lagern.

Himbeerkonfitüre

1 Himbeeren waschen und verlesen. Die Hälfte der Himbeeren in einem Topf zusammen mit dem Zucker unter gelegentlichem Rühren langsam zum Kochen bringen.

2 Gelierzucker dazugeben. Einmal aufkochen lassen und die restlichen Himbeeren hinzufügen. 1 Minute kochen, ohne zu rühren.

3 Die Konfitüre randvoll in Schraubgläser umfüllen, fest verschließen und auf dem Kopf stehend abkühlen lassen.

Für 800 g Marmelade:
500 g Himbeeren
80 g Zucker
250 g Gelierzucker 2:1

Zubereitungszeit:
30 Min.

Nährwerte pro 100 g:
182 kcal, 761 kJ, < 1 g EW, < 1 g F, 43 g KH

Konfitüren-Variante

Himbeerkonfitüre lässt sich wunderbar variieren. Eine feine aromatische Note bekommt sie, wenn man 20 große, in feine Streifen geschnittene Basilikumblätter nach dem Abschäumen unter die Himbeerkonfitüre rührt. Oder wie wäre es mit einer pikanten Variante? Dafür 4 TL eingelegte grüne Pfefferkörner aus dem Glas abspülen, in einem Sieb abtropfen lassen und ganz fein hacken; danach unter die noch warme Konfitüre rühren.

Rote-Grütze-Konfitüre

Für 5 Gläser à ca. 200 ml:
300 g Sauerkirschen
je 300 g Rote und Schwarze Johannisbeeren
100 g Himbeeren
500 g Gelierzucker 2:1

Zubereitungszeit:
50 Min.
Nährwerte pro Glas:
509 kcal, 2.130 kJ, 3 g EW, 1 g F, 118 g KH

1 Kirschen und Johannisbeeren getrennt voneinander waschen und abtropfen lassen. Himbeeren verlesen. Johannisbeeren von den Rispen streifen. Kirschen entsteinen. Die Hälfte der Kirschen halbieren, die übrigen pürieren.

2 5 Twist-off-Gläser gründlich reinigen und abtropfen lassen. Die Früchte in einem großen Topf mit Gelierzucker mischen. Die Frucht-Zucker-Mischung bei starker Hitze unter Rühren aufkochen und 3 Minuten sprudelnd kochen lassen.

3 Die Gelierprobe machen (s. S. 56) und die Konfitüre abschäumen. Sofort randvoll in die vorbereiteten Gläser füllen und diese fest verschließen. Gläser auf den Deckel stellen, dann umdrehen und abkühlen lassen. An einem dunklen und kühlen Ort aufbewahren.

Fruchtige Grütze

Rote-Grütze-Konfitüre können Sie auch mit anderen Früchten, z. B. Erdbeeren, Rhabarber oder Brombeeren, kochen, wobei immer ein Teil püriert werden sollte.

Weißweingelee mit Mirabelle

1 4 fest verschließbare Gläser gründlich mit heißem Wasser und Spülmittel reinigen. Danach auf einem sauberen Küchentuch gründlich trocknen lassen. Mirabellen mit einem Messer halbieren und den Kern herausnehmen.

2 Mirabellen mit Weißwein in einen Topf geben. Gelierzucker einrühren und das Ganze zum Kochen bringen. 5 Minuten sprudelnd kochen lassen, danach die Gelierprobe (s. S. 56) machen.

3 Das Weißweingelee in die vorbereiteten Gläser füllen. Diese fest verschließen und einige Minuten auf den Deckel stellen. Kühl und dunkel aufbewahren.

Reifeprüfung

Beim Kauf von Mirabellen sollten Sie darauf achten, möglichst keine grünen, d. h. unreifen Exemplare zu kaufen, sondern schöne gelbe, saftige Früchte, die ihr volles Aroma in dem Weißweingelee entfalten können.

Für 4 Gläser à ca. 250 ml:
7 Mirabellen
750 ml halbtrockener Weißwein
400 g Gelierzucker 2:1

Zubereitungszeit:
25 Min.
Nährwerte pro Glas:
645 kcal, 2.699 kJ, 3 g EW, 1 g F, 121 g KH

Holundergelee

Für 4 Gläser à ca. 500 ml:
500 ml Holundersaft
500 ml Apfelsaft
1 kg Gelierzucker

Zubereitungszeit:
15 Min.
Nährwerte pro Glas:
224 kcal, 950 kJ, 0 g EW, 0 g F, 55 g KH

1 Holunder- und Apfelsaft mit Gelierzucker in einen Topf geben und verrühren. Dann das Ganze zum Kochen bringen und 5 Minuten sprudelnd kochen lassen.

2 Die Konfitüre abschäumen, in vorbereitete Gläser füllen und sofort mit Schraubdeckeln fest verschließen. Dann umdrehen und ca. 5 Minuten auf dem Deckel stehen lassen. Das Holundergelee dunkel und trocken lagern.

Frische Früchte
Sollten Sie frische Holunderbeeren im Garten pflücken, müssen Sie darauf achten, nur die ganz schwarzen Beeren zu verarbeiten. Roh sind die Beeren giftig, also bitte nicht probieren!

Ingwer-Apfel-Aufstrich

Für 6 Gläser à ca. 250 ml:
150 g frische Ingwerwurzel
3 Zitronen
1 Orange
1,4 kg Kochäpfel
600 ml Apfelsaft
1 kg Zucker

Zubereitungszeit:
40 Min.
Garzeit:
1 Std. 20 Min.
Nährwerte pro Glas:
898 kcal, 3.757 kJ, 2 g EW, 2 g F, 212 g KH

1 Ingwer schälen und in grobe Stücke schneiden. Zitronen sowie Orange heiß waschen und trocken reiben. Beides in grobe Stücke schneiden. Äpfel waschen, vierteln und von den Kerngehäusen befreien. Ingwer und Früchte in eine Rührschüssel geben und mit dem Pürierstab oder einem Messer zerkleinern. Alles in einem großen Topf mit 600 ml Wasser angießen.

2 Die Fruchtmasse aufkochen, dann die Temperatur reduzieren. Deckel auflegen und das Gemisch ca. 1 Stunde leise köcheln lassen. Ab und zu umrühren. Die Apfelmischung durch ein Sieb streichen. Topf reinigen und die Äpfel wieder hineingeben.

3 Apfelsaft zugießen und Zucker einstreuen. Die Masse erhitzen und so lange rühren, bis sich der Zucker aufgelöst hat. Aufkochen, Hitze nur so weit reduzieren, dass die Apfelmischung stetig sprudelt. Ca. 20 Minuten kochen. Gelegentlich umrühren.

4 Inzwischen 6 fest verschließbare Gläser reinigen und abtropfen lassen. Ingwer-Apfel-Aufstrich in die Gläser füllen. Diese rasch verschließen, umdrehen und auskühlen lassen.

Weniger Zucker

Wenn Sie Gelierzucker 2:1 verwenden, reduziert sich die Zuckermenge um die Hälfte.

Aprikosen-Mandel-Konfitüre mit Lavendel

Für 4 Gläser à ca. 200 ml:
1 1⁄2 kg Aprikosen
200 g gestiftelte Mandeln
100 g Honig
1⁄4 TL getrocknete Lavendelblüten
500 g Gelierzucker 1:1 (z. B. von SweetFamily)

Zubereitungszeit:
30 Min.
Nährwerte pro Glas:
352 kcal, 1.473 kJ, 5 g EW, 10 g F, 60 g KH

1 4 fest verschließbare Twist-off-Gläser gründlich mit heißem Wasser und Spülmittel reinigen und auf einem sauberen Küchentuch abtropfen lassen. Aprikosen waschen, abtropfen lassen und entsteinen.

2 Aprikosenfruchtfleisch in einen ausreichend großen Topf geben und mit Mandeln, Honig und Lavendelblüten vermengen. Gelierzucker unterrühren. Das Ganze aufkochen und ca. 4 Minuten sprudelnd kochen lassen.

3 Aprikosen-Mandel-Konfitüre in die vorbereiteten Gläser füllen. Diese fest verschließen und auf den Deckel stellen. Etwas auskühlen lassen und dann wieder umdrehen.

Langes Vergnügen
Achten Sie darauf, dass Sie die Gläser gründlich säubern, um Verunreinigungen und Schimmelbildung zu vermeiden. Diese Konfitüre hält sich bis zu 2 Jahre. Lagern Sie sie nach Möglichkeit an einem dunklen und nicht zu warmen Ort.

Apfel-Rosen-Gelee mit Safranfäden

1 6 Twist-off-Gläser und deren Deckel gründlich mit heißem Wasser und Spülmittel reinigen. Anschließend auf einem sauberen Küchentuch trocknen lassen.

2 Gelierzucker und Apfelsaft in einen großen Topf geben und verrühren. Die Mischung unter Rühren aufkochen und 3 Minuten sprudelnd kochen lassen.

3 Je 3 Rosenblätter, 5 Safranfäden und 1/2 TL Rosenwasser in ein Glas geben. Das Apfelgelee heiß aufgießen. Gläser mit den Deckeln fest verschließen, auf den Kopf stellen und ca. 5 Minuten ruhen lassen.

4 Danach die Gläser in kurzen Abständen drehen, damit sich die Safranfäden und Rosenblätter gleichmäßig verteilen. An einem kühlen Ort dunkel und trocken aufbewahren.

Natürliche Dekoration

Zum Verschenken können Sie einen hübschen Seidenkrokus mit an das Glas binden. Farblich passende Samtbänder machen dieses selbst gemachte Geschenk zu einem echten Hingucker.

Für 6 Gläser à ca. 200 ml:
500 g Gelierzucker extra 2:1
750 ml klarer Apfelsaft
18 Rosenblätter
0,1 g Safran in Fäden
(1 Döschen, z. B. von Fuchs)
3 TL Rosenwasser (Apotheke)

Zubereitungszeit:
20 Min.
Nährwerte pro Glas:
391 kcal, 1.636 kJ, 1 g EW, 0 g F, 96 g KH

Kirschkonfitüre

Für 2 Gläser à ca. 350 ml:
1 Orange
ca. 500 g Sauerkirschen
100 ml Holundersaft
250 g Gelierzucker 2:1
1 Stiel Lavendelblüten

Zubereitungszeit:
45 Min.
Nährwerte pro Glas:
701 kcal, 2.933 kJ, 4 g EW, 1 g F, 161 g KH

1 2 Einmachgläser mit Bügelverschluss mit heißem Wasser und Spülmittel reinigen. Auf einem Küchentuch trocknen lassen.

2 Orange mit heißem Wasser waschen und trocken reiben. Schale fein abreiben und die Frucht auspressen. Kirschen waschen und entsteinen. Eine Handvoll Kirschen beiseitelegen, den Rest in einen Topf geben. Diese Kirschen mit einem Stabmixer grob zerkleinern.

3 Orangenschale und -saft, Holundersaft sowie Gelierzucker mit in den Topf geben und unterrühren. Lavendelblüten vom Stiel zupfen und ebenfalls dazugeben. Die Masse zum Kochen bringen. 4 Minuten unter Rühren sprudelnd kochen lassen.

4 Kurz vor Ende der Garzeit die ganzen Kirschen einrühren. Dann die Konfitüre randvoll in die Gläser füllen. Gläser fest verschließen und 5 Minuten auf dem Deckel stehen lassen. Auskühlen lassen und an einem dunklen, trockenen Ort aufbewahren.

Nussige Variation

Wer es etwas ausgefallener mag, kann noch Walnüsse zugeben. 50 g Walnusskerne nur ganz grob hacken und in einer Pfanne ohne Fettzugabe rösten, anschließend mitkochen.

Sherry-Kirschen

1 2 fest verschließbare Gläser mit Bügelverschluss gründlich mit heißem Wasser und Spülmittel reinigen. Auf einem sauberen Küchentuch abtropfen lassen.

2 Kirschen kalt waschen, in einem Sieb abtropfen lassen und nach Wunsch entsteinen. Sherry mit Zucker so lange verrühren, bis sich der Zucker vollständig aufgelöst hat.

3 Kirschen in die vorbereiteten Gläser füllen. Die Vanilleschote halbieren und je 1 Hälfte zwischen die Kirschen stecken. Dann die Gläser mit dem gesüßten Sherry auffüllen.

4 Die Gläser fest verschließen. Sherry-Kirschen vor dem Verzehr an einem trockenen und dunklen Ort ca. 1 Woche ziehen lassen.

Für 2 Gläser à ca. 450 ml:
500 g Kirschen
400 ml trockener Sherry
175 g Zucker
1 Vanilleschote

Zubereitungszeit:
20 Min.
Ziehzeit:
1 Woche
Nährwerte pro Glas:
748 kcal, 3.130 kJ, 3 g EW, 1 g F, 124 g KH

Fruchtig und cremig

Die Kirschen sollten vollständig mit dem Sherrysud bedeckt sein, um Schimmelbildung vorzubeugen. Deshalb müssen auch die Gläser sehr gut schließen. Die Kirschen passen hervorragend zu Desserts wie Vanilleparfait oder Sahnepudding.

Pflaumenkompott mit Orangen

Für 6 Personen:
600 g Pflaumen
120 g Zucker
3 Orangen
20 g gehobelte Mandeln

Zubereitungszeit:
20 Min.
Garzeit:
15 Min.
Nährwerte pro Person:
178 kcal, 745 kJ, 2 g EW, 2 g F, 36 g KH

1 Pflaumen waschen und trocken tupfen. Die Früchte halbieren, Kerne entfernen und das Fruchtfleisch in Würfel schneiden. Mit dem Zucker vermengen.

2 2 Orangen so schälen, dass die weißen Häute mit entfernt werden. Dann die Filets aus den Zwischenhäuten lösen. Die dritte Orange halbieren und den Saft auspressen.

3 Fest verschließbare Gläser gründlich reinigen und trocknen lassen. Pflaumen-Zucker-Mischung in einen kleinen Topf geben. Orangensaft zugeben und das Ganze erhitzen. Unter Rühren 10 Minuten köcheln lassen.

4 Mandeln und Orangenfilets zu den Pflaumen geben. 5 Minuten weiter köcheln lassen und anschließend in die vorbereiteten Gläser füllen. Gläser fest verschließen, abkühlen lassen und zum Aufbewahren kalt stellen.

Klassische Beilage

Pflaumenkompott ist ein wahrer Klassiker und wird beispielsweise gerne zu Pfannkuchen, Waffeln oder Kaiserschmarrn serviert.

Basilikum-Konfitüre

1 Basilikum waschen und trocken schleudern. Die weiße Kuvertüre fein hacken. Beide Zutaten miteinander vermengen.

2 Die Schokoladen-Basilikum-Mischung mit Pinienkernen und Olivenöl vermengen und in einem Mixer oder mit einem Pürierstab fein zerkleinern. Anschließend in ein verschließbares Schraubglas umfüllen.

Ideale Ergänzung

Das süße Pesto passt wunderbar zu Apfel- oder Birnentarte, zu Orange oder einfach auf ein Weißbrot.

Für 200 g:
1 Bd. Basilikum
100 g weiße Kuvertüre
35 g Pinienkerne
60 ml Olivenöl, mild

Zubereitungszeit:
15 Min.
Nährwerte pro 100 g:
468 kcal, 1.958 kJ, 8 g EW, 36 g F, 28 g KH

Eingekochte Pfirsiche

Für 4 Gläser à ca. 350 ml:
150 ml Pfirsichsaft
200 g Puderzucker
4 EL Zitronensaft, frisch gepresst
2 Zimtstangen
12 Weinbergpfirsiche

Zubereitungszeit:
25 Min.
Garzeit:
15 Min.
Nährwerte pro Glas:
345 kcal, 1443 kJ, 3 g EW, 0 g F, 81 g KH

1 4 Einweckgläser mit Bügelverschluss gut reinigen. Anschließend auf einem Küchentuch trocknen lassen.

2 Pfirsichsaft mit Puderzucker glatt rühren. 150 ml Wasser, Zitronensaft und Zimtstangen zugeben. Das Ganze aufkochen und 10 Minuten auf kleiner Flamme köcheln lassen.

3 Pfirsiche oben kreuzweise einritzen. Mit kochend heißem Wasser überbrühen, kalt abschrecken und häuten. Früchte halbieren, Kerne entfernen und Fruchtfleisch in Spalten schneiden. Auf die Gläser verteilen.

4 Zimtstangen aus dem Sirup nehmen. Pfirsiche mit dem Sirup aufgießen und Gläser verschließen. Ca. 2 Fingerbreit Wasser in einem großen Topf zum Kochen bringen, die Einmachgläschen hineinstellen und bei geschlossenem Deckel 15 Minuten einkochen.

5 Die Gläser aus dem Sud heben und auskühlen lassen. Dunkel und kühl gelagert aufbewahren.

Kräuter-Variante

Eisenkraut passt ebenfalls sehr gut zu Pfirsichen. Dann die Zimtstangen weglassen und Eisenkraut in den heißen Sirup geben. 15 Minuten ziehen lassen und wieder herausnehmen.

Rotes-Johannisbeer-Gelee

1 Die Johannisbeeren waschen und in einem Topf zusammen mit dem Zucker unter Rühren langsam zum Kochen bringen. 10 Minuten kochen lassen, dann mithilfe eines Schneebesens durch ein Haarsieb streichen.

2 Den aufgefangenen Saft abmessen und pro l Saft 500 g Gelierzucker abwiegen.

3 Den Saft mit dem Gelierzucker für etwa 4–5 Minuten kochen lassen, anschließend die Gelierprobe machen (s. S. 56). In Schraubgläser umfüllen und auf dem Deckel stehend abkühlen lassen. Kühl und dunkel lagern.

Weihnachtsgelee

Für eine festliche Variante können Sie zusätzlich Zimt, Gewürznelken und Sternanis mitkochen. Das macht sich auch in den Gläsern gut.

Für ca. 1200 g Marmelade:
1 kg Rote Johannisbeeren
100 g Zucker
ca. 500 g Gelierzucker 2:1

Zubereitungszeit:
20 Min.
Kochzeit:
20 Min.
Nährwerte pro 100 g :
164 kcal, 686 kJ, < 1 g EW, < 1 g F, 38 g KH

Quittengelee

Für ca. 800 ml Gelee:
1 kg Quitten
Saft von 1 Zitrone
750 g Zucker

Zubereitungszeit:
50 Min.
Nährwerte pro 100 g:
191 kcal, 799 kJ, < 1 g EW, < 1 g F, 46 g KH

1 Die Quitten vierteln, das Kerngehäuse herausschneiden und die Quittenstücke in einem Topf knapp mit Wasser bedecken. Zum Kochen bringen und weich kochen.

2 Die Quitten mit einem Pürierstab zerkleinern und durch ein Küchentuch filtern. Dazu das Tuch in ein Sieb hängen und den Saft auffangen.

3 750 ml Saft abmessen, mit dem Zitronensaft und dem Zucker verrühren und wieder zum Kochen bringen. Kochen und dabei reduzieren lassen, bis ein Tropfen der Mischung auf einem kalten Teller geliert (Gelierprobe). In Schraubgläsern luftdicht verschließen.

Rotes Zwiebelchutney

1 Die roten Zwiebeln schälen und vierteln. Ingwer schälen und auf der Küchenreibe fein raspeln. Rosinen in ein Küchensieb geben, abbrausen und gut abtropfen lassen oder trocken tupfen.

2 Butter in einem Topf erhitzen. Zwiebelviertel zugeben und glasig werden lassen. Dann geraspelten Ingwer und Rosinen einrühren. Braunen Zucker darüberstreuen.

3 Das Ganze mit Essig und 50 ml Wasser aufgießen. Auf kleiner Flamme ca. 30 Minuten leise köcheln lassen. Dabei ab und zu umrühren.

4 2 fest verschließbare Gläser heiß ausspülen und gut trocknen. Fertig gegartes Chutney mit Salz abschmecken, dann in die Gläser füllen und fest verschließen.

Idealer Begleiter

Das Zwiebelchutney schmeckt besonders gut auf geröstetem Brot oder zu gegrilltem Fleisch oder Fisch.

Für 2 Gläser à ca. 250 ml:
500 g rote Zwiebeln
1 walnussgroßes Stück Ingwer
50 g Rosinen
50 g Butter
100 g brauner Zucker
50 ml Essig
Salz

Zubereitungszeit:
30 Min.
Garzeit:
30 Min.
Nährwerte pro Glas:
533 kcal, 2.230 kJ, 4 g EW, 22 g F, 78 g KH

Birnenchutney

Für 6 Personen:
4 Birnen
Saft von 1/2 Zitrone
1 Zwiebel
1 Knoblauchzehe
2 TL Olivenöl
150 g Rohrzucker
1 Thai-Chili, gehackt
1 TL gemahlener Ingwer
1 Msp. gemahlener Zimt
4 Lorbeerblätter
12 cl Apfelessig
20 g Mandeln oder Haselnüsse

Zubereitungszeit:
40 Min.
Garzeit:
25 Min.
Ziehzeit:
1 Woche
Nährwerte pro Person:
198 kcal, 828 kJ, 1 g EW, 4 g F, 39 g KH

1 Birnen schälen, entkernen und würfeln. In einem Topf mit Zitronensaft vermischen.

2 Zwiebel schälen und fein würfeln, Knoblauch ebenfalls schälen und hacken.

3 Alle Zutaten außer dem Essig und den Nüssen im Topf zum Kochen bringen und 15 Minuten bei schwacher Hitze unter gelegentlichem Rühren köcheln lassen.

4 Essig dazugeben und noch weitere 10 Minuten kochen lassen. Die Nüsse grob hacken, in das Chutney geben und die Masse in kleine Gläser füllen. Fest verschließen, 1 Woche ziehen lassen und dann als Beilage zu Fleisch, kaltem Braten oder Käse servieren.

Kürbis-Aprikosen-Chutney

1 Kürbis schälen, von Kernen befreien und Fruchtfleisch würfeln. Aprikosen waschen, halbieren und entsteinen. Schalotten schälen und vierteln. Ingwer schälen und auf der Küchenreibe fein raspeln.

2 Butter in einem Topf erhitzen. Schalotten zugeben und unter häufigem Rühren glasig werden lassen. Anschließend Kürbis, Aprikosen und Ingwer unterrühren. Das Ganze unter Rühren kurz andünsten.

3 Braunen Zucker einstreuen und mit Essig und 50 ml Wasser aufgießen. Sternanis, Zimt, frisch geriebene Muskatnuss und Salz unterrühren. Das Ganze auf kleiner Flamme ca. 30 Minuten leise köcheln lassen.

4 2 fest verschließbare Gläser heiß ausspülen. Sternanis und Zimtstange nach Garzeitende aus dem Chutney entfernen. Kürbis-Aprikosen-Chutney in die Gläser füllen und diese fest verschließen. Trocken und dunkel lagern.

Köstliche Ergänzung

Das Chutney schmeckt lecker zu Wild- und Geflügelgerichten.

Für 2 Gläser à ca. 250 ml:

250 g Muskatkürbis
200 g Aprikosen
100 g Schalotten
1 walnussgroßes Stück Ingwer
50 g Butter
100 g brauner Zucker
50 ml Essig
1 Sternanis
1 Zimtstange
1 Msp. Muskatnuss, frisch gerieben
1/2 TL Salz

Zubereitungszeit:
30 Min.
Garzeit:
30 Min.
Nährwerte pro Glas:
475 kcal, 1.987 kJ, 3 g EW, 22 g F, 65 g KH

Rillette

Für 3 Gläser à ca. 250 ml:
250 g fetter Speck
500 g Schweinefleisch
(z. B. aus der Schulter)
2 Knoblauchzehen
1 Stange Lauch
1 Stängel Salbei
2 Zweige Estragon
2 Stängel Petersilie
4 cl Sherry
200 ml trockener Weißwein
2 Lorbeerblätter
2 EL eingelegte grüne
Pfefferkörner
Salz
Pfeffer aus der Mühle

Zubereitungszeit:
40 Min.
Garzeit:
3 Std.
Nährwerte pro Glas:
1.010 kcal, 4.226 kJ, 38 g EW,
89 g F, 3 g KH

1 Speck in feine Würfel schneiden. In einen Topf geben und bei kleiner Hitze ca. 20 Minuten langsam auslassen. Immer wieder umrühren.

2 Schweinefleisch klein schneiden. Knoblauchzehen schälen und fein hacken. Lauch putzen, waschen und klein schneiden. Salbei abbrausen und trocken schütteln.

3 Estragon und Petersilie abbrausen und ebenfalls trocken schütteln. Blättchen abzupfen und fein hacken.

4 Schweinefleisch zum Speck in den Topf geben und das Ganze vermengen. Mit Sherry ablöschen. Weißwein und ca. 100 ml Wasser zugießen. Knoblauch, Lauch, Salbei und Lorbeerblätter zugeben und unterrühren.

5 Topf mit einem Deckel verschließen. 2–3 Stunden bei milder Hitze schmoren lassen. Fleischstücke mit einem Kochlöffel zerdrücken. 3 fest verschließbare Gläser reinigen und trocknen lassen.

6 Nach Garzeitende Lorbeerblätter und Salbei herausnehmen. Kräuter und Pfefferkörner zugeben. Mit Salz und Pfeffer abschmecken. In die Gläser füllen und fest verschlossen abkühlen lassen.

Apfel-Cranberry-Relish

1 2 fest verschließbare Einmachgläser mit Spülmittel gründlich reinigen und gut trocknen lassen. Cranberrys (oder Preiselbeeren) in ein Küchensieb geben, kalt abbrausen und abtropfen lassen. Äpfel schälen, halbieren und von Kerngehäusen befreien. Fruchtfleisch anschließend grob hacken.

2 Orange schälen und die Filets aus den Zwischenhäuten lösen. Fruchtfleisch in kleine Stückchen schneiden. Den dabei austretenden Orangensaft in einer Schüssel auffangen.

3 Cranberrys, Äpfel und Orange mit dem Zucker vermengen. Bei Bedarf Orangensaft zugießen. In die 2 vorbereiteten Gläser geben und gut verschließen. Mindestens 24 Stunden an einem kalten Ort ziehen lassen.

Fruchtige Begleitung

Dieses Apfel-Cranberry-Relish schmeckt hervorragend zu Geflügelgerichten.

Für 2 Gläser à ca. 250 ml:

250 g frische Cranberrys (alternativ Preiselbeeren)
2 säuerliche Äpfel
1 Orange
100 g weißer Zucker

Zubereitungszeit:
15 Min.
Ziehzeit:
1 Tag
Nährwerte pro Glas:
351 kcal, 1.469 kJ, 2 g EW, 1 g F, 80 g KH

Tomatenketchup

Für 3 Flaschen à ca. 250 ml:
1 kg vollreife Tomaten
1 kleine Paprikaschote
1 große rote Zwiebel
1/4 Knoblauchknolle
85 ml Rotweinessig
125 g Honig
1 1/2 TL Kräutersalz
Ingwerwurzel, 1 cm
1 kleines Stück Muskatblüte
2 Lorbeerblätter
1/2 TL Senfkörner
1/2 TL schwarze Pfefferkörner
2 Gewürznelken
1 Zimtstange
2 TL Paprikapulver edelsüß
140 g Tomatenmark
60 ml Olivenöl

Zubereitungszeit:
30 Min.
Garzeit:
2 Std.
Nährwerte pro Flasche:
430 kcal, 1.800 kJ, 7 g EW, 22 g F, 51 g KH

1 Tomaten kreuzweise einritzen und mit kochendem Wasser überbrühen. Kurz ziehen lassen und häuten. Tomaten halbieren, entkernen und Fruchtfleisch hacken. Paprikaschote halbieren, putzen, waschen und in Würfel schneiden. Zwiebel schälen und in Scheiben schneiden. Knoblauch schälen.

2 Tomatenfruchtfleisch, Paprika, Zwiebel und Knoblauch mit 45 ml Essig vermengen. Alles aufkochen und zugedeckt bei schwacher Hitze ca. 25 Minuten köcheln lassen. Knoblauch entfernen und das Gemüse pürieren.

3 Restlichen Essig, Honig und Kräutersalz unter das Gemüsepüree mischen. Ingwer, Muskatblüte, Lorbeer, Senf- und Pfefferkörner, Nelken, Zimt und evtl. eine Chilischote in einen Kaffeefilter geben, zubinden und in den Topf legen.

4 Tomatenmischung unter häufigem Rühren ca. 90 Minuten kochen lassen. Kaffeefilter entfernen.

5 Mit Paprikapulver, Tomatenmark und Olivenöl abschmecken. Ketchup in sterilisierte Gläser oder Flaschen füllen und abkühlen lassen. Im Kühlschrank aufbewahren.

Kräutersalz

1 Je nach Geschmack und Vorlieben können die Zutaten und Mengenanteile der Kräuter untereinander variieren. Ansonsten kann grob gesagt werden: von Rosmarin bis zu Zitronenzesten absteigende Mengen verwenden.

2 2 fest verschließbare Gläser gründlich mit heißem Wasser und Spülmittel reinigen, danach auf einem sauberen Küchentuch abtropfen lassen. Kräuter mit kaltem Wasser abbrausen, gründlich trocken tupfen und von harten Stängeln bzw. Zweigen befreien.

3 Knoblauch schälen und grob hacken. Knoblauch mit Sesam, Senfsaat und Anis in einen Mörser geben und fein mahlen. Die Mischung mit den Kräutern und dem Meersalz in einen Standmixer geben und zerkleinern.

4 Das Kräutersalz in die vorbereiteten trockenen Gläser füllen und diese dann luftdicht verschließen. An einem dunklen Ort kühl und trocken aufbewahren.

Lange Haltbarkeit

Das Salz ist auf diese Weise mindestens 1 Jahr haltbar und somit ein unkompliziert herzustellendes Geschenk, das dem Beschenkten lange Freude bereitet.

Für 2 Gläser à ca. 200 ml:
100 g frische Kräuter (z. B. Rosmarin, Thymian, Oregano, Majoran, Estragon, Basilikum, Bärlauch, Salbei, Minze, Anis, Zitronenmelisse, Koriander, Liebstöckel, Zitronenzesten)
1 Knoblauchzehe
je 1/2 TL Sesam und Senfsaat
1 Prise Anis
300 g grobes Meersalz

Zubereitungszeit:
15 Min.
Nährwerte pro Glas:
41 kcal, 172 kJ, 2 g EW, 1 g F, 5 g KH

Gewürzgurken

Für 3 Gläser à ca. 400 ml:
1 kg kleine Gürkchen
Salz
100 g Perlzwiebeln
375 ml Weißweinessig
75 g Zucker
6 Pimentkörner
3 Lorbeerblätter
3 Gewürznelken
1 EL Pfefferkörner
1 TL Senfsaat

Zubereitungszeit:
30 Min.
Ziehzeit:
12 Std. + 1 Woche
Nährwerte pro Glas:
196 kcal, 820 kJ, 3 g EW, 1 g F, 38 g KH

1 Gurken gut mit warmem Wasser waschen. In einen Topf oder eine Schüssel geben und 1 l Wasser sowie 75 g Salz dazugeben. Durchrühren und abdecken. 12 Stunden ziehen lassen.

2 3 fest verschließbare Gläser gründlich mit heißem Wasser und Spülmittel reinigen und trocknen lassen. Nach Ende der Ziehzeit das Salzwasser der Gurken abgießen. Gurken noch einmal gründlich waschen. Perlzwiebeln schälen.

3 Essig mit Zucker, Piment, Lorbeer, Gewürznelken, Pfefferkörnern und Senfsaat in einen Topf geben. Zwiebeln zufügen und das Ganze zum Kochen bringen. Zwiebeln anschließend aus dem Sud heben.

4 Gurken zusammen mit Zwiebeln in die vorbereiteten Gläser geben. Mit dem heißen Sud aufgießen und die Gläser fest verschließen.

5 Eingelegte Gurken abkühlen lassen. Bis zum Verzehr mindestens 1 Woche an einem dunklen und kühlen Ort ziehen lassen.

Eingelegter Manchego

1 Ein ausreichend großes Einweckglas gründlich mit heißem Wasser waschen und auf einem sauberen Küchentuch gut abtropfen lassen. Die Rinde des Manchego-Käses abschneiden und den Käse in daumendicke Würfel zerteilen.

2 Rosmarin und Thymian abbrausen und trocken schütteln. Käse in das vorbereitete Glas schichten. Rosmarin, Thymian und Lorbeerblatt dazugeben und Chilipulver darüberstreuen.

3 Manchego mit Olivenöl übergießen. Das Glas fest verschließen und an einem dunklen, kühlen Ort aufbewahren.

Für 4 Personen:
300 g Manchego
1 Zweig Rosmarin
2 Zweige Thymian
1 frisches Lorbeerblatt
1 Prise Chili d'Espelette
300 ml Olivenöl

Zubereitungszeit:
10 Min.
Nährwerte pro Person:
553 kcal, 2.314 kJ, 24 g EW, 51 g F, 1 g KH

Ziehzeit
Der eingelegte Manchego ist nach ca. 1 Woche fertig zum Verzehr.

Eingelegte Zucchini mit Fenchel

Für 4 Portionen:
1 große Zucchini
1 große Fenchelknolle
250 ml Apfelessig (z. B. von Alnatura)
1–2 Knoblauchzehen
1 kleine Chilischote
1 Zweig frischer Rosmarin
1 TL Meersalz
grober Pfeffer aus der Mühle
100 ml Olivenöl

Zubereitungszeit:
15 Min.
Nährwerte pro Portion:
254 kcal, 1.063 kJ, 2 g EW, 25 g F, 3 g KH

1 Zucchini und Fenchel in mittelgroße Würfel schneiden.

2 Apfelessig und 300 ml Wasser in einen Topf geben und erhitzen. Das Gemüse hineingeben und 3 Minuten garen. Anschließend durch ein Sieb abgießen und das Gemüse in ein Einmachglas füllen.

3 Knoblauch in dünne Scheibchen schneiden und mit Chilischote, Rosmarin, Salz und Pfeffer in das Einmachglas geben. Gemüse mit Öl aufgießen und Einmachglas gut verschließen. Das eingelegte Gemüse hält sich im Kühlschrank ca. 1–2 Wochen.

Marinierte Paprika

1 2 Gläser gründlich reinigen und gut abtropfen lassen. Den Backofen auf 230 °C oder Grillfunktion vorheizen. Paprikaschoten halbieren und von Kernen und weißen Innenhäuten befreien. Paprika waschen, trocken tupfen und nochmals halbieren.

2 Paprikastücke mit der Haut nach oben auf ein mit Backpapier belegtes Blech legen. So lange in den Ofen stellen, bis die Haut beginnt, Blasen zu werfen und dunkel zu werden. Dann die Paprika aus dem Ofen nehmen.

3 Die Haut der Paprika mit feuchtem Küchenpapier belegen und damit die Haut abziehen. Paprikaschoten mit Salz und frisch gemahlenem Pfeffer würzen. Nach Belieben die Schoten jeweils nochmals halbieren oder dritteln.

4 Knoblauchzehen abziehen und grob hacken. Mit den Paprikaschoten in die vorbereiteten Gläser geben. Das Ganze mit Olivenöl auffüllen und fest verschließen. 3–4 Tage marinieren lassen, dabei kühl und dunkel aufbewahren.

Für 2 Gläser à ca. 300 ml:
je 3 rote und gelbe Paprikaschoten
Salz
Pfeffer aus der Mühle
4 Knoblauchzehen
ca. 500 ml Olivenöl

Zubereitungszeit:
15 Min.
Marinierzeit:
4 Tage
Nährwerte pro Glas:
539 kcal, 2.255 kJ, 6 g EW, 51 g F, 15 g KH

Mixed Pickles

Für 6 Gläser à 750 ml:
400 g Erbsen
400 g Blumenkohl
400 g Silberzwiebeln
400 g rote Paprika
400 g kleine Kartoffeln
60 g Salz
Für den Aufguss:
250 g Rohrzucker
1/2 Bund frisch gehackter Dill
3/4 l Kräuteressig
2 TL Senfkörner
5 Pimentkörner
1 TL bunte Pfefferkörner
1 Lorbeerblatt

Zubereitungszeit:
30 Min.
Einweckzeit:
30 Min.
Nährwerte pro 100 g:
68 kcal, 285 kJ, 2 g EW, <1 g F, 13 g KH

1 Das Gemüse waschen, putzen, in etwa gleich große Stücke schneiden und alles ca. 5 Minuten in kochendem Salzwasser blanchieren. Die Kartoffeln 10 Minuten kochen lassen.

2 Durch ein Sieb gießen, den Kochsud auffangen und Gemüse in eiskaltem Wasser abschrecken und abtropfen lassen. Kochsud mit 1 3/4 l Wasser auffüllen, Salz, Zucker, Dill und Essig hineingeben, auflösen und aufkochen lassen.

3 Die Gewürze in die Gläser geben und das Gemüse einschichten, dabei 2 cm Platz zum Deckelrand lassen. Den abgekühlten Aufguss angießen. Die Gläser gut verschließen und im Einkochtopf 30 Minuten bei 90 °C sterilisieren.

4 Die Gläser herausnehmen, die Bügel abnehmen und auf dem Kopf stehend auskühlen lassen. Kühl und dunkel lagern.

Eingelegte Tomaten

1 Basilikum waschen, trocken schütteln und die Blätter abzupfen. Essig mit Zucker, Salz, Pfefferkörnern und 200 ml Wasser mischen und bei schwacher Hitze 10 Minuten köcheln lassen.

2 Tomaten waschen, in kochendem Salzwasser 3 Sekunden blanchieren, abgießen, abschrecken und anschließend häuten. Gehäutete Tomaten mit den Basilikumblättern in die Gläser füllen und die heiße Marinade darübergießen. Gläser gut verschließen und 2–3 Tage ziehen lassen.

Für 2 Gläser à 500 ml:
1/2 Bd. Basilikum
200 ml Essig
40 g Zucker
Salz
1 TL Pfefferkörner
500 g Cocktailtomaten

Zubereitungszeit:
20 Min.
Garzeit:
10 Min.
Ziehzeit:
3 Tage
Nährwerte pro 100 g:
39 kcal, 163 kJ, < 1 g EW, < 1 g F, 7 g KH

Würzig-fruchtige Beilage

Die eingelegten Tomaten passen hervorragend zu Steaks oder zu Grillfleisch.

Eingelegte Pfirsiche

Für 4 Gläser à 250 ml:
1 kg gelbe, reife Pfirsiche
5–6 Sternanis
300 g Zucker

Zubereitungszeit:
30 Min.
Garzeit:
30 Min.
Nährwerte pro 100 g:
126 kcal, 527 kJ, < 1 g EW, < 1 g F, 30 g KH

1 Pfirsiche mit heißem Wasser überbrühen, abschrecken und häuten. Anschließend entkernen, halbieren und in saubere Einweckgläser füllen. Sternanis dazugeben.

2 Aus 1 l Wasser und dem Zucker eine Zuckerlösung kochen und auf die Pfirsiche geben.

3 Die Gläser verschließen, in einen Topf mit Wasser bis zu halber Glashöhe stellen und bei 85 °C ca. 30 Minuten lang einkochen. Kühl und dunkel lagern.

Würzige Note

Statt des Sternanis können Sie auch eine Prise Piment, Muskat, Koriander, Dill, Chili und 1 Lorbeerblatt verwenden. Das gibt dem Pfirsich einen besonders würzigen Geschmack.

Himbeerlimes

1 5 Flaschen mit Bügelverschluss gründlich mit heißem Wasser und etwas Spülmittel reinigen. Gut trocknen lassen. Himbeeren verlesen, vorsichtig abbrausen und gut abtropfen lassen.

2 Gewaschene Himbeeren in eine Rührschussel geben und mit braunem Zucker und Limettensaft vermischen. Mit einem Stabmixer fein pürieren. Der Zucker sollte gut aufgelöst sein.

3 Die Früchte mit Himbeergeist und Wodka vermengen. Den Himbeerlimes in die vorbereiteten Flaschen füllen. Gut gekühlt, gerne auch im Gefrierschrank, lagern. Die Flaschen vor dem Servieren kräftig schütteln.

Dekoratives Etikett

Im Gefrierfach aufbewahrt ist der Limes mindestens 6 Monate haltbar. Er sollte dann einige Minuten vor dem Servieren entnommen werden. Verzieren Sie die Flaschen mit farblich passenden, sommerlichen Etiketten, auf denen neben der genauen Bezeichnung des Inhalts auch das Herstellungsdatum vermerkt ist.

Für 5 Flaschen à ca. 250 ml:
500 g Himbeeren
225 g brauner Zucker
125 ml Limettensaft, frisch gepresst
100 ml Himbeergeist
300 ml Wodka

Zubereitungszeit:
15 Min.
Nährwerte pro Flasche:
422 kcal, 1.766 kJ, 1 g EW, 1 g F, 53 g KH, 11 g Alk.

Holundersaft

Für 3 Flaschen à ca. 500 ml:
2 kg reife Holunderbeeren
500 g Gelierzucker
2 Nelken
1/2 Zimtstange

Zubereitungszeit:
30 Min.
Ziehzeit:
7 Std.
Nährwerte pro Flasche:
114 kcal, 474 kJ, 1 g EW, 0 g F, 25 g KH

1 Holunderbeeren waschen und abtropfen lassen. Mit Zucker, Nelken und Zimtstange in einem Topf erhitzen und abgedeckt 5 Stunden ziehen lassen.

2 Mischung durch ein sauberes Tuch gießen, andrücken und ca. 2 Stunden abtropfen lassen. Saft auffangen. Holundersaft in gründlich gereinigte Flaschen füllen und verschließen.

Flaschendekoration

Füllen Sie den Saft zum Verschenken in hübsche Bügelflaschen und befestigen Sie ein Schild mit Namen und Herstellungsdatum des Inhalts.

Rosmarinöl

1 Eine Flasche gründlich mit heißem Wasser und Spülmittel reinigen. Anschließend vollständig trocknen lassen.

2 Rosmarin kalt abbrausen und gründlich trocken tupfen. Die Zweige halbieren und in die vorbereitete Flasche stecken. Mit Olivenöl auffüllen.

3 Die Flasche fest verschließen. An einem trockenen und dunklen Ort 3–4 Tage ziehen lassen, dann hat das Öl das Aroma angenommen.

Grüne Verzierung

Sobald nach dem Anbrechen der Flasche der Rosmarin nicht mehr komplett mit Öl bedeckt ist, sollte er aus dem Öl entfernt werden, um einer Schimmelbildung vorzubeugen. Bei diesem Geschenk bietet es sich an, einen Zweig frischen Rosmarin als Verzierung an die Flasche zu binden.

Für 1 Flasche à ca. 300 ml:
2 Zweige Rosmarin
300 ml Olivenöl

Zubereitungszeit:
10 Min.
Ziehzeit:
4 Tage
Nährwerte pro 100 ml:
882 kcal, 3.690 kJ, 0 g EW, 100 g F, 0 g KH

Salbei-Knoblauch-Öl

Für 1 Flasche à ca. 550 ml:
6 Knoblauchzehen
12 Salbeiblätter
500 ml Olivenöl

Zubereitungszeit:
10 Min.
Ziehzeit:
5 Tage
Nährwerte pro 100 ml:
878 kcal, 3.674 kJ, 0 g EW, 99 g F, 0 g KH

1 Eine Flasche gründlich reinigen und gut trocknen lassen. Den ungeschälten Knoblauch kalt waschen und trocken tupfen. An einer Längsseite einritzen. Salbeiblätter kalt abbrausen und mit Küchenpapier trocken tupfen.

2 Salbei und Knoblauch in die vorbereitete Flasche geben. Das Ganze mit Olivenöl auffüllen. Die Flasche 4–5 Tage an einem kühlen, dunklen Ort ziehen lassen.

3 Das Salbei-Knoblauch-Öl am besten im Kühlschrank lagern und nach dem Öffnen innerhalb von 2 Wochen verbrauchen.

Köstlicher Begleiter
Salbei-Knoblauch-Öl schmeckt hervorragend zu pikanten Nudelgerichten.

Tomatenessig

1 2 Flaschen steril auskochen. Tomaten waschen, trocken tupfen und je nach Belieben halbieren oder vierteln. In die beiden vorbereiteten Flaschen füllen.

2 Schalotten und Knoblauch schälen. Schalotten in Streifen und Knoblauch in Scheiben schneiden. Rosmarin abbrausen, trocken schütteln und Nadeln vom Zweig streifen.

3 Schalotten, Knoblauch und Rosmarin in einen Topf geben. Zusammen mit Essig, Lorbeerblatt, Salz, Zucker und Pfefferkörnern aufkochen. Den Sud über die Tomaten gießen, sodass diese bedeckt sind.

4 Die Flaschen gut verschließen und an einem dunklen und kühlen Ort ca. 2 Wochen ziehen lassen. Dann den Essig durch ein Sieb gießen und wieder in Flaschen zurückfüllen.

Für 2 Flaschen à ca. 550 ml:
800 g Cocktailtomaten
2 Schalotten
2 Knoblauchzehen
1 Zweig Rosmarin
500 ml Weinessig
1 Lorbeerblatt
1 TL Salz
1 TL Zucker
1 TL Pfefferkörner

Zubereitungszeit:
15 Min.
Ziehzeit:
2 Wochen
Nährwerte pro 100 ml:
26 kcal, 109 kJ, 1 g EW, 0 g F, 3 g KH

Holunderblütensirup

Für 5 Fläschchen à 200 ml:
2 Handvoll Holunderblüten
1 unbehandelte Zitrone
500 g Zucker
10 g Zitronensäure (aus der Apotheke)

Zubereitungszeit:
30 Min.
Garzeit:
10 Min.
Ziehzeit:
2 Tage
Nährwerte pro 100 g:
346 kcal, 1.448 kJ, < 1 g EW, < 1 g F, 83 g KH

1 Die Holunderblüten nicht waschen, nur schütteln und verlesen. Die Zitrone heiß abwaschen und in Scheiben schneiden.

2 Den Zucker mit 1 l Wasser langsam unter Rühren aufkochen und ca. 10 Minuten köcheln lassen. Anschließend abkühlen lassen, die Holunderblüten und Zitronenscheiben zugeben und in einen großen Topf oder ein anderes großes Gefäß füllen. Abgedeckt etwa 2 Tage ziehen lassen.

3 Vor dem Abfüllen die Holunder-Zucker-Lösung durch ein Passiertuch gießen und mit der Zitronensäure unter Rühren aufkochen lassen. In die gründlich gewaschenen Flaschen füllen und gut verschlossen aufbewahren.

Klarer Apfelsaft

1 Die Äpfel waschen, vierteln, das Kerngehäuse entfernen und die Früchte in grobe Stücke schneiden. In einen großen Kochtopf geben und anschließend 0,5 l Wasser angießen. Alles aufkochen und bei mittlerer Hitze 10 Minuten köcheln lassen. Dann die Äpfel mit einem Stampfer zerdrücken.

2 Die gekochten Früchte auf ein zwischen Stuhlbeinen gespanntes Safttuch geben und in den untergestellten Topf laufen lassen. Den aufgefangenen Saft mit dem Zucker verrühren, einmal aufkochen lassen, abschäumen und mit der Einmachhilfe mischen.

3 Heiß in ausgekochte Flaschen füllen und gut verschließen. Dunkel und kühl aufbewahren.

Für 2 Flaschen à 500 ml:
1 kg reife Äpfel, z. B. Boskop
20 g Zucker
1/2 Päckchen Einmachhilfe

Zubereitungszeit:
30 Min.
Kochzeit:
15 Min.
Nährwerte pro 100 g:
59 kcal, 247 kJ, <1 g EW, <1 g F, 13 g KH

Quittensirup

Für 3 Flaschen à 1 l:
4 kg reife Quitten
400 g Zucker

Zubereitungszeit:
30 Min.
Garzeit:
1 Std.
Nährwerte pro 100 g:
72 kcal, 301 kJ, < 1 g EW, < 1 g F, 16 KH

1 Quitten schälen und in Achtel schneiden. Blüten, Kerngehäuse und Stiel entfernen und das Fruchtfleisch anschließend mit 1 1/2 l kaltem Wasser und dem Zucker bei mittlerer Hitze langsam zum Kochen bringen.

2 Die Hitze reduzieren und die Früchte ca. 50 Minuten sanft ziehen lassen, aber nicht kochen. Ein abgekochtes Tuch in ein Sieb legen und die Quitten mit der Flüssigkeit hineinschütten. Kochend heißen Saft in einem Topf auffangen und bis kurz vor dem Siedepunkt erhitzen (nicht kochen lassen!).

3 Sirup in vorgewärmte Flaschen abfüllen und gut verschließen. Kühl lagern.

Köstlicher Aperitif
Geben Sie einen Schluck Quittensirup in ein Glas und füllen Sie es mit Sekt auf.

Kirschlikör

1 Kirschen waschen und entsteinen. Gewaschene Kirschen zusammen mit Kandis, Zimt, Nelken und der Orangenschale in ein Glas schichten und mit Alkohol übergießen, sodass die Früchte bedeckt sind. Das Glas verschließen und mindestens 8 Tage durchziehen lassen.

2 Zwischendurch hin und wieder auf den Kopf drehen, damit sich der Kandiszucker gut auflöst.

3 Den Likör durch ein mit einem Tuch ausgelegtes Sieb abgießen, die Früchte dabei gut ausdrücken. Den aufgefangenen Likör in dekorative kleine Flaschen füllen. Kühl und trocken lagern.

Für 500 ml:
750 g Sauerkirschen
275 g weißer Kandiszucker
2–3 Zimtstangen
1–2 Gewürznelken
1 Stück Orangenschale
500 ml klarer Schnaps, z. B. Korn

Zubereitungszeit:
20 Min.
Ziehzeit:
8 Tage
Nährwerte pro 100 g:
173 kcal, 724 kJ, < 1 g EW, < 1 g F, 25 g KH, 10 g Alk.

Erdbeerlikör

Für 3 Flaschen à ca. 1 l:
800 g Erdbeeren
1 Vanilleschote
3 l Weinbrand
500 g Zucker

Zubereitungszeit:
30 Min.
Ziehzeit:
6 Wochen
Nährwerte pro 100 g:
219 kcal, 916 kJ, <1 g EW, <1 g F, 14 KH, 23 g Alk.

1 Die verlesenen, gewaschenen Erdbeeren in einer Schüssel pürieren. Das Beerenpüree mit der aufgeschlitzten Vanilleschote und 1 l Weinbrand in eine verschließbare Flasche füllen. Den Ansatz für ca. 2 Wochen an einem hellen Ort stehen lassen und regelmäßig schütteln.

2 Den Beerenansatz durch ein Baumwolltuch passieren und gut ausdrücken. Zucker mit 1 l Wasser für ca. 20 Minuten kochen lassen. Das Zuckerwasser mit dem passierten Ansatz und dem restlichen Weinbrand mischen. Die Flüssigkeit nochmals passieren und in gut verschließbare, saubere Flaschen abfüllen.

3 Likör für weitere 4 Wochen an einem kühlen und dunklen Ort lagern.

Sachregister

Rezeptregister

Bildnachweis

Wir bedanken uns bei allen Bildlieferanten, die uns durch die Bereitstellung von Abbildungen freundlicherweise unterstützt haben.

Alnatura: 53, 80; Butaris: 52; fotolia.com: Swetlana Wall 4; sherez 7; audaxl 9; FotoFrank 11; Liane M 14; sonne Fleckl 16; Schweinepriester 19; Daorson 23; petrabarz 3, 24; TwilightArtPictures 26; Conny Hagen 27; Christian Jung 28, 70; IHR Ideal Home Range 30; beerfan 31; Harald Lange 32 l.; Y-Tea 37 l.; ksena32@ukrpost.ua 37 r.; etfoto 38; Arne Pastoor 39 r.; illustrez-vous 40 l.; FotoMike1976 40 r.; Tetastock 41 l.; Ruggiero.S 42; Irina Khomenko 43 r.; miket 44, 48; Horticulture 45 l.; Pixelot 45 r.; FOOD-micro 47 l., 72; julia sevastianova 36 l.; Fuchs Gewürze: 63; iStockphoto.com: Muenz 5; Photocuisine: 51, 56, 57, 59, 64, 65, 66, 67, 68, 69, 71, 73, 78, 79, 81, 87, 88, 89; Pixelio.de: Juko77 32 r.; Ruth Rudolph 33 l.; Stephan Erdmann 33 r.; Bea23 34 l.; johnnyb 34 r.; Rosel Eckstein 35 l.; setcookie 35 r.; Maja Dumat 39 l., 46 l.; Günther Havlena 41 r.; tokamuwi 43 l.; pixelbiene 36 r.; Paul Golla 46 r.; wrw 47 r.; Politt/Südwest Verlag: 58; Rama: 54; Rees/Südwest Verlag: 61; Sanella: 55; Shutterstock.com: fotografaw 49; StockFood: 50, 60, 74, 75, 76, 77, 82, 83, 84, 85, 86, 90, 91, 92, 93, 94; SweetFamily: 62